财务是个"真实的谎言"

Finance is a True Lie

钟文庆 ◎ 著

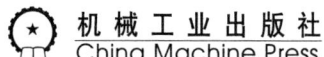

机械工业出版社
China Machine Press

图书在版编目（CIP）数据

财务是个真实的谎言（珍藏版）/ 钟文庆著. —北京：机械工业出版社，2013.6（2022.10重印）

ISBN 978-7-111-42845-9

I. 财… II. 钟… III. 财务管理 IV. F275

中国版本图书馆CIP数据核字（2013）第126688号

版权所有·侵权必究
封底无防伪标均为盗版

本书作者将自己十几年的跨国财务经历，用风趣、幽默、富含哲理的实例、事例、故事，精彩呈现。书中描述了财务基本知识、财务实务操作、财务战略、财务智慧、财务数据的弹性，以及弹性背后的财务思想实质。

本书是一本不是故事胜似故事的财务入门书。书中每一章节的内容互相关联，但又自成体系，相对独立，你可以从任一章节拿起，也可以在任一章节放下。

机械工业出版社（北京市西城区百万庄大街22号）　邮政编码　100037
责任编辑：刘利英　　版式设计：刘永青
河北宝昌佳彩印刷有限公司印刷
2022年10月第1版第24次印刷
170mm×242mm · 12.75印张
标准书号：ISBN 978-7-111-42845-9
定　价：49.00元

客服电话：(010) 88361066　68326294

精彩推荐 Praise

　　我以前喜欢看张五常的经济书,因为他写得通俗易懂,不像有的经济书总喜欢引用一些晦涩的公式。钟文庆的书深入浅出,用最简单的语言讲明了不少财务知识。

——王炜,汉森咨询合伙人

　　从法律的角度而言,真实有边界,谎言也有边界。文庆书中所阐释的真实、谎言正是以智慧而旁观的视角审视专业的边界。文如其人,让我们在枯燥的生活中总能有笑。

——孔伟,中伦金通律师事务所合伙人

　　时值金融危机爆发,汇率、大宗商品价格、资本品价格乃至企业需求均出现剧烈变化。企业经营环境动荡之烈或尚方其殷,经济复苏之路亦漫漫其修远。时代已经赋予财务工作者以更大的责任和更广阔的空间。财务工作也将不再是——或许其本就不是——一堆堆"枯燥"数字的堆积和单纯的资金管理游戏,必将在日益动荡的金融经济环境中承担更大的战略任务。文庆兄将财务和电影令人意外地结合起来,取尽簪花妙笔之效。或许,这正是我们打开通向鲜活的财务世界的一扇窗口。

——鲁艺,上海麒德投资顾问有限公司执行董事教人学财务并不难，难的是让人学着并且快乐着，毫无疑问，这本书做到了这一点。

——曾令同，北京国际商业管理集团副总裁

作者称这是一本财务入门级的书，可是我觉得这是一本融合了作者的智慧和思考的人生小册子，尤其是对那些财务经理人或希望成为财务经理人的读者。我前后读了两遍，间隔约有两年，均有不同的感悟，就像那本《飘》（*Gone with the wind*）。20岁时把它当作言情小说，30岁时看到了其中的励志，相信从这本书中你也能读懂作者带给你的数字之外的东西。

——Cathy Han，沃尔沃建筑设备中国有限公司财务总监

做财务的，有迷惑，有挣扎，甚至有转行的冲动。但钟文庆的财务世界却是感性的、有趣的，同时宏大又深邃。打开心胸，去思考、感悟；伸展双臂，与智慧和激情结伴。

——田莉，百安居中国区财务经理

书中运用了大量简单而又艺术的语言诠释了那些令人晦涩难懂的财务术语和财务现象，用各类发生在我们身边的实例解读了财务对一个企业，对我们的日常工作、生活甚至对人生的重要影响和意义。无论你是财务人员还是非财务人员，你都要具备这样一种人生态度："主动是人生的一种态度，它让你遇到变化时提早一步做准备，能使你有机会掌握自己的命运，主动引领变革。"

——曹海莉，上海兰林公关咨询有限公司总经理

"人人皆可财务",只要有更多的人能够了解财务的真相。品味财务的深邃与趣味,哪怕只有一点点,都会让人喜出望外。

——李颖,CIMA英国皇家特许管理会计师公会中国区总裁

看钟文庆的书很难将他同一般人眼里的财务专业人员联系起来,而更像是一个从事文学或艺术领域的人描述着另外一个真实而又虚拟的世界。正如他所说的,财务是无疆界的,道也是无疆界的,超越了,智慧便从字里行间涌出来。

——梁晖,上海建缆电气有限公司财务总监

本书非常值得财务人员或非专业人员阅读。也许从专业的角度来讲,这是一本较为浅显易懂的书,这本书的吸引人之处主要在于它从财务知识的介绍中,给了我们一个认识和观察人生的视角,让我们透过财务知识,来认知人生。

作者从一名商学院的学生、簿记员实习生,到跨国公司财务总监、首席财务官,再到国际知名公司副总裁,让我们看到了一个财务专业人士的成长历程。"从专业到跨业,从我到国王,从聪明到智慧",这些成长的经历很精彩,也是本书的亮点和可读之处。

——当当网读者,我爱当当书架

这本书的阅读人群广泛,不局限于专业的财务人员、经理人,道理通俗易懂,其间蕴含哲理,是一本值得一看的好书。

——当当网读者,annyx98@***.***

目 录
Contents

精彩推荐

前　言

财务是个真实的谎言

为什么财务报表总被认为是假的？利润真的存在吗？财务真是现实中"真实的谎言"吗？如何识别虚假财务信息？

世界上最大的谎言/2
给财务一个假设，它可以把地球撬起来/5
数字的弹性/8

资产的误解

如果你知道了谎言是怎样形成的，谎言就不再是谎言了。

是真佛说家常话/11
大多数行业都在做"假账"？/14
你也是一个负资产吗/15
过期的凤梨罐头/17
"没有资产，就是最大的资产"/20

每一个人都是一个品牌/20
吴宇森的鸽子/23
轻资产战略/25
最令人头痛的流动资产/26
中国人的信用问题/28
出口信用管理/30
戴明博士的鸡蛋库存管理/31
最昂贵的流动资产/33
啤酒游戏的财务意义/34
我的"大概齐"管理方法/35

第3章 负债者言

利用财务杠杆负债经营是借鸡生蛋的好办法,也是华尔街最推崇的致富工具。连"垃圾债券"都有可能换来真金白银。不过,财务杠杆尽可能不要最大化。

分清资产与负债/38
飞行里程也是负债/40
财务杠杆就是用别人的钱赚钱/41
负债的结构性问题/43
"垃圾债券"的故事/44
负债的人生/46

第4章 所有者权益

所有者权益在商业开始的时候就叫做资本。资本像幽灵一样在世界上四处徘徊,在寻找任何可以增值的机会。

资本和创业/48
亚马逊公司的故事/50

第5章 收入的实现

大半假账都与收入实现有关。收入实现在形式上要符合一些基本原则,实质上要具备真正的商业意义。一句话,实质重于形式。

收入不等于现金/54
创意会计中的真假收入/59

第6章 话说成本

有什么样的目的,就有什么样的成本。做正确的事是战略成本,把正确的事做正确是执行成本。成本最小化从来不是企业存在的目的,也不是成本管理的宗旨。

形形色色的成本/62
不要卖给我任何东西/64
罗斯·佩罗的EDS/67
"我们没有流血,却都已牺牲"/69
"一茶一坐"的故事/70
小老树的故事/72
视执行成本如胆固醇/73
成本中心/74
电子商务和亚马逊/75
1瓶蒸馏水值90元?/76
谷子和市场费用/77
目标成本/79
标准成本/80
机会成本/81
资本成本/82
客户成本/83
质量成本/84

研发成本/86

沉没成本/88

边际成本/90

现金为王

现金如同人类生存环境的第五元素。很多时候，现金流比利润还要重要。企业不会因为没有利润而破产，但是会因为没有现金而倒闭。

《绿野仙踪》的真正意义/93

赢利的公司怎么会破产/94

"八个坛子七个盖"的现金流管理/96

财务的十诫

财务的戒律影响的不仅是财务报表，潜移默化中也决定了财务人的性格和意识。

《十诫》的故事/99

财务的戒律/102

主体原则/104

配比原则/106

历史成本原则/107

充分披露原则/108

保守原则/110

只肯锦上添花从不雪中送炭的银行/114

保守沉淀在财务的血液里/114

 ## 第9章 罗生门下的财务报表

如何探究事实的真相？罗生门下的疑问永远存在。不同的财务报表从不同的视角去接近真相，它们之间又是钩心斗角，互相制约的。

罗生门的故事/116
大清真寺里的利润表/118
利润表管理/120
海盗时代的资产负债表/122
专业人士看资产负债表/122
资产负债表背后的文化/124
从管理利润表到管理资产负债表/125
从蓝色包袱账到现金流量表/126
管理现金流量表/128
三大报表的钩稽关系/130
解读财务报表/131

 ## 第10章 生死比率

比率分析是一种最有效的财务分析方法。也许比率分析难以帮你找到问题的正确答案，但是它能够帮助你问出正确的问题。

速率杀人/134
不比不知道/135
最常用的四种比率/136
比率问题/141

 ## 第11章 智慧是知道下一步做什么

计划是智慧的表现。下一步做什么不是"因为这样，所以那样"的结果，而是"为了那样，所以应该这样"的目的。

救赎的故事/143
下一步该做什么/144
斗智斗勇编制预算/146
打破预算/147

回到未来

回到未来的重要标志是货币的时间价值，这是财务最重要的原则之一。

荷塘叶色的复利计算/150
百万富翁和按揭买楼/152
用钱赚钱的幸福生活/154
公司价值/155
怎样卖出最贵的价格/158

风险和回报

吃好还是睡好是一种风险和回报之间的选择。对冲可以帮助冲淡风险，但是更重要的是要知道自己在做什么。

吃好还是睡好/160
量化风险/163
对冲现象/164
索罗斯的对冲交易/165
"危机"="有危险的机会"/167
投资组合/168
内部风险控制/170
十年之后的《萨班斯-奥克斯利法案》/173
尼克·里森事件和两千年前的扁鹊/174

第14章 "会计,当而已矣"

中国有一位伟人做过会计,他说会计应该适当,不要过激。企业的发展也是这样。财务的智慧存在于一系列矛盾的平衡关系里。

贪婪的华尔街/176
子曰:"会计,当而已矣"/178
瑞典的森林/179

第15章 做个具有财务智慧的人

这是一条漫长的寻求智慧的路。智慧如同大海一样,它从容恬淡,生生不息,绵延不绝。

从专业到跨业/182
从数黑论黄到决胜千里/182
从骑墙到平衡/183
从被动保守到主动积极/184
从我到国王/185
从聪明到智慧/185

后记/187

前 言
Preface

我曾经一直觉得自己是个诚实的人。我所接受的职业训练永远把诚信放在第一位。

在公司里,像我这样的财务人员扮演的总是道德楷模的守门人角色,是政府各项法律法规和企业各种规章制度的执行表率和监督者,像施瓦辛格在影片《终结者》中拯救地球一样,是所有不合常理的行为的终结者。循规蹈矩在财务人员的血液里流淌,不要冒险,不能出轨,政策流程高于一切。在本质上,报表的虚假与财务职业的训练水火不相容。

然而,为什么财务人员的头上永远漂浮着那片作假的黑色雨云,难道做假账是被施了咒语的宿命?最有名的例子是:

"1+1等于几?"

财务回答:"你想让它等于几?"

当发生交通事故时,我们下意识会想到的自然是开车人的责任。但是,如果在同一地点接连发生多起事故时,我们就必须考虑一下这段路的路况以及交通规则。如果所有财务人员都阻止不了假账流行,我猜想唯一可能的并且合乎情理的解释就是:财务本身可能就是虚假的。财务报表从本质上说是"真实的谎言"。

我在跨国公司里做了十几年的财务管理工作，几乎涉及企业财务的各个方面。在一个专业领域里浸润久了，就像西方人说的：你做什么你就是什么样的人（You are what you do.）。跟许多专业的财务经理人一样，我的生活环境就是由各种各样的财务报表组成的。在这个世界里，凡事都与财务有关，人类的所有关系都体现在借贷之间，现实就变形成一张硕大无比的资产负债表。

就像走进电影院，在100分钟里，你的真实生活实际上已经被放弃了，取而代之的是银幕上的生活，它是虚拟的，是别人的；同时，又是真实的，是你生活不可分割的一部分。在很多情况下，它还要影响甚至左右你的现实生活。

走出电影院，我常常会为这种虚拟与真实之间的错乱感到困惑。财务也是如此，当整个社会对财务报表的真实性持怀疑态度的时候，我的内心突然产生了动摇，我开始怀疑一些最基本的东西。

很多被奉为真理的概念、原则都似乎不再真实可信。为什么财务报告总被认为是虚假的？为什么企业财务的各种丑闻总是层出不穷？财务管理的科学性与艺术性之间真的存在临界点吗？如果存在，这临界点又隐藏在何处？甚至当我试图追溯财务的本源时也不时迷失方向，我甚至怀疑财务存在的意义，或者说我自己存在的意义。这个世界真的需要财务吗？据说中国有2 000万财务从业人员，这些财务人员的价值到底在哪里？我们没有走在一条错误的道路上吗？这条路最终会通向何处？

曾经有一段时间，我经常去新加坡，那儿很干净，是个到处存在罚款威胁的国家。新加坡培养出了很多兢兢业业做财务的人。我在新加坡河边上的一家银行大堂里看到一尊雕塑，叫"向牛顿致敬"，是达利的作品。牛顿的手中牵着一只感觉沉甸甸的实心苹果，而他的头部和心脏都被雕刻成空洞，达利的意思是说只有你把自己的心胸打开，头脑解放了才有可能发现真理。

我似乎豁然开朗。财务数字的真真假假，看似自相矛盾的很多关系，其实都有合理的解释。就像如果你了解银幕之后的故事后，电影的神奇光环自然会消退。财务是个真实的谎言，只有当你了解了这些谎言是怎样形成时，谎言就不再是谎言了。

为此，我试图用自己十几年的工作感悟来澄清这些困惑。我用电影故事搭建了一座财务的影院，这是我的前一本书《我的财智影院》的缘起。那本书是在我频繁的出差途中完成的，当时我想得更多的是可读性，以至于书出版后，有朋友说她只顾看里面的电影故事了。

2007年的圣诞夜，由于公司业务的需要，我决定转去沃尔沃国际区负责市场和销售。所谓国际区，是除了中国和东南亚以外的所有发展中国家，共有一百多个。我的生活再次被抛到一万米的高空中，在各个国家的机场之间穿梭。

我整天与不同国家和不同文化背景的代理商打交道，这些代理商是典型的企业家，事业做得有大有小。我本以为自己离开了财务的虚拟世界，结果发现，我们处理得更多的正是有关财务的问题。这些问题的形式虽然不全是财务报表里的数字，但是实质上都是财务的理念和财务的智慧。

比如在伊朗。自从伊斯兰革命以后，伊朗被美国禁运了很久，以至于当地人会坚持认为可口可乐是伊朗制造的品牌。德黑兰的汽车配件市场实际上是几条街道。在那儿，店铺一家挨一家。你每走进一家，都会被邀请一起喝茶，玻璃茶盏里的红茶，会放很多方糖，还有蜜枣，在风沙肆虐的地区据说可以预防结石，这是波斯人的生活习惯。在这几条街道上，你能看到世界上所有品牌车辆的配件。如果你想了解市场份额、产品价格、利润率、库存周转、投资回报、品牌价值，以及准备下年度的预算，只要你花半天时间在那几条街道上走一圈，答案全有了。闭上眼睛，财务数字从眼前的每一家店铺中走了出来，真实地、活生生地跳跃到你的面前。

因此，当机械工业出版社的朋友建议我对《我的财智影院》一书进行增删修订的时候，我欣然同意。借此机会，我把全书做了一些修改，删去了一些关联性不强的电影故事，特别是那些很多人没有看过的晦涩的艺术电影，同时，增加了一些实际的商业案例。

这自然不是一本财务知识的教科书，我也不是专业的财务课老师，我总觉得只有当学生准备好了的时候，真正的老师才会出现。这只是一本试图通过财务思考探求财务智慧的书。也许这种智慧压根找不到，但是我想追寻智慧的过程本身也算是一种智慧。

这本书也许不能让你学习到更多的有关"术"方面的专业知识或技巧，但是能够使你领悟一些更有意义的财务意识和财务智慧，悟到一些财务之"道"，而道是没有疆界的。

因此，这本书的读者可以是专业的财务人员，也可以是愿意把自己心胸打开的非财务人员。书中每一章节的内容互相关联，但是为了阅读方便，又相对独立，你可以从任一章节拿起，也可以在任一章节放下。

第1章

财务是个真实的谎言

为什么财务报表总被认为是假的？利润真的存在吗？财务真是现实中"真实的谎言"吗？如何识别虚假财务信息？

后海是北京的一处名胜景地，我曾经在那里流连过一段时间。后海周边生活着一些历经世事、饱经沧桑的老人。有一天，一个年轻人问一位老剃头师傅："大爷，您说，幸福是什么？"老人答："想通了，就是幸福；想不通，就是不幸福。"

英文里有两个短语，一个叫"think over"，是"苦想""反复地想"；另一个叫"think through"，是"想穿""想透""想通"的意思。只是反复地想，在表象堆里徘徊，带来的往往是烦恼，"think over"眼中看到的只是弯弯的河床，看不到汩汩流过的河水，只有"think through"才有可能看明白河流的运动。

财务世界里有许多似是而非的概念，如果想不通，就会让人感到困惑并且痛苦。财务智慧的第一步就是强迫自己去想穿、想透那些让人反复想也想不通的有关财务的事，透过现象去发现实质。

世界上最大的谎言

俗话说"无利不起早"或者说"没有永远的朋友,只有永远的利益","天下熙熙,皆为利来;天下攘攘,皆为利往"。这里所说的"利"和"利益",都指好处,如果翻译成财务词汇,最接近的就是"利润"。

利润太重要了。我在商学院读书的时候,第一堂课就是学习商业的意义和企业存在的目的。利润是判断商业的最具意义的标准。管理学创始人彼得·德鲁克就认为,企业存在的目的就是使股东利益最大化。

而最能衡量股东利益的标准是股东权益报酬率(return on equity),简称为ROE,其计算公式的分子就是利润,分母是所有者权益即净资产。利润越高,权益报酬率就越高,股东也就越满意。

迈克尔·波特是研究战略管理的大师,他为中国企业设计的战略是:

> 首先,中国公司首要的任务是要了解投资的回报。中国公司必须以赢利为中心进行管理,如果不这么做是不可能有好的战略的。因为如果你想做的事情只是不断地扩大规模,你就会面临很大的诱惑,让你不断地通过降价来满足所有客户的需求,紧接着就会损害到你的差异化战略和你的经营模式。但是如果你把企业的赢利设为你的第一目标,扩大规模设为第二目标,就会帮助你做出比较正确的决策。以前,中国企业把政府主管部门交代的生产任务完成就可以了,而现代经济要求企业甚至可以不生产产品,但是必须产生利润。

波特的言下之意是说，中国企业追求利润的程度还是不太够，企业能够做大却不能做强。从规模上看，中国的很多企业都不小，但是赢利能力不够强，主要靠薄利多销，经济危机一来，市场需求减少，多销被终结，企业很快就开始亏损，甚至倒闭。这时，你就会发现，占据多大的市场份额并非当初想象得那么重要，利润才是关键。

股东也依靠企业利润来判断股价。股东的最大兴趣实际上不是在二级市场上通过买卖股票赚钱，炒股不是目的，二级市场风险太大而且不可控，投资企业的股东最终期望的是分享经营利润，分得股利才是目的。对股东来说，企业赢利多少，就意味着能分到多少。

股东变成股民以后，股利似乎不再重要了。没有人指望靠股利存活。股票成了相对独立的商品，低买高卖，赢利取决于股价。股价跟很多因素有关，不过，有一个指标很重要，那就是市盈率（P/E），这是股民买卖股票的重要参数。市盈率计算公式的分子是每股的价格，分母是每股的利润，也称每股收益。市盈率低，表示股价被低估了，值得投资。因此，利润在很大程度上决定了股价。利润降低，股价也降低。

企业的赢利能力也是向银行借债的安全保障。银行家依据利润的变化来决定贷款的额度。特别是在中国，利润指数是银行家最看重的数字。利润的高低决定贷款的规模。没有利润的企业在银行家眼里跟破产等同，寻求银行信贷的雪中送炭无异于缘木求鱼。银行的势利体现在对利润的高度重视上。

在企业内部，企业的经营管理层更是与利润休戚相关。经理人的职业生涯通常被利润操纵着。利润最大化是管理层的职责，也是所有职业经理人的成就感、荣誉感和个人报酬的最重要来源。

扭亏为盈的经理人是董事会心目中的救世英雄。每年利润增长的快慢通常决定了经理人职位的升降。虽然,很多公司董事会利用平衡计分卡等工具对管理层进行综合评价,但是,关于利润的首善地位双方都心照不宣。管理层将自己头上的利润目标像瀑布一样层层分解到下面的各级员工身上,所有员工都在为目标利润日夜奋斗。

利润至高无上,一个简单的阿拉伯数字左右了很多人的命运。

然而,这个世界上最具戏剧意义的是,在现实中,这么重要的利润实质上根本不存在。

> 利润永远看不见摸不着,世界上没有一样具体的东西叫利润,甚至公司保险柜里也没有任何一笔具体叫做利润的钱。
>
> 在某种程度上利润毫无用处。利润不是现金,不能帮你付任何一笔账单,不能帮你付房租,不能帮你付水电煤气费,利润不能付给供应商,不能付薪水,不能付年终奖金,当然也不能靠利润请客吃饭。但就是这个抽象的、毫无用处的数字引得无数英雄竞折腰。

利润只存在于财务报表的虚拟世界里,只是一个统计后的财务数字。利润就好像人类的理想一样,人人都在说它,在算计它,但是没有人看到过它,也没有实现的可能。

利润从何而来呢?每到月底,财务部开始"做账",往往要好几天才能做完。不做财务的人永远不明白为什么账不是记出来的,而是"做"出来的?把每天的账目加在一起不就结了吗?

把每天的流水账目加在一起的工作不叫做账,它有一个专有名称,叫做簿记。做这份工作的人叫簿记员,连会计都还不是呢。簿记员的职位最低,工作量最大。我在商学院实习的时候做过3个月的簿记员,差点绝望。不是因为太累或者薪水太低,实在是因为没有太大价值。

只是机械地输入数字,任何受过初级训练的人都可以做。

簿记是不需要独立思考的。现在一些企业会将簿记工作外包,交给第三方服务机构来做,就像把卫生清洁工作外包给保洁公司一样。

账不是簿记出来的,而是做出来的。总账会计或财务经理每到月底会把自己关在房间里做账。数字要经过人为的多次调整("调账"),财务报表经过数遍的涂涂改改才能拿出来,直到这时大家才知道这个月是亏了还是赚了。

每到年底,这份工作会由更高级别的人来做。集团公司的CFO会和CEO一起躲在办公室里嘀嘀咕咕,在计算器上按来按去,商量应该报告多少收入费用,然后一起宣布公司今年的利润是多少,以及明年甚或10年以后的利润预测。

利润就是这样炼成的。为了保证利润的真实性,颇有威望的独立审计师会在来年春暖花开的时候跑来审计,然后出具一份无保留意见的证明——审计报告,签上合伙人的名字,盖上事务所的公章,以证明所宣布的利润是千真万确的,是存在的。

然而,不久之后就可能会有大胆的人跳出来说皇帝并没有穿衣服——利润虚假,利润是做出来的,不真实,财务在做假账!

给财务一个假设,它可以把地球撬起来

> 阿基米德曾说:给我一个支点,我可以把地球撬起来。物理学的解释是,如果力臂足够长,你就可以用很小的力气搬动一个很重的物体。
>
> 实际上,从另一层面去理解这句话更有意义。那就是阿基米德的真正意思其实是:给我一个假设,我可以把地球撬起来。

财务报告是一种真实的谎言，这种谎言与生俱来，是财务的原罪。所有的财务报告都是建立在一系列假设和估计基础上。没有这些假设的前提，财务报告就无法存在。

有人说，这世界上的谎言分为三类：第一类是一般的谎言；第二类是专业的谎言；第三类是统计后的数据。财务报告提供的就是些统计后的数据。这些数据不是现实，而是像哲学家所说的洞中的影子，它们最多只是对现实的反映。

这种反映现实的准确程度取决于数据背后的假设以及数据制造者的人为判断。假设不同，得出的结论就会有差异，这种差异有时会很大甚至完全相反。当我第一次发现财务报表居然是根据一系列假设建立起来的时候，我的第一感觉就是：只要给我一个假设，我可以做到任何别人做不到的事，包括撬动地球。

现代管理的核心之一是量化管理，不能量化的东西就无法分析，无法分析的东西就不能管理。但历史并不是都可以轻易准确量化的。要量化就需要假设、估测以及个人的主观判断。为了达到这一目的，国际通用会计准则不得不将一些通用的假设合法化，认定这些假设是可以接受的或者说是通用的。当然，这本身就是个悖论。

不仅量化历史困难，未来也无法准确量化。企业的现状永远与其对未来的影响联系在一起，而未来总是在估测的基础上建立起来的。比如，预提和折旧就是其中两种最常见的估测工具。假如你购买一套机器设备，用它来帮你赚钱，这套机器设备变成了固定资产。卖给你机器的生产厂家说你可以用它7年，如果保养得好的话。你的朋友用过这种机器，告诉你说它只能用5年。你的实际使用情况也许是6年2个月零4天。但是，事先没有人知道，也没法知道。固定资产的折旧时间只能在5年和7年之间选择。依照财务人员遵循保守原则的特点，你会选5年，而卖机器设备的销售人员一定怂恿你选7年，这样显得这套机器买的很值。但是无论哪项选择，实际上都不是真实的。

改变预提和折旧的方法能让企业的财务报表在几分钟之内扭亏为盈，而这些改变又都在会计准则允许的范围之内。另外，选择不同的库存计价方法也会导致不同的财务结果，比如是选择先进先出，还是后进先出。

利润的来源更是充斥了假定、估计和人为判断。从收入开始，到成本，到费用，每一个环节都有人为假设的灰色地带。收入的确认是个永远剪不断、理还乱的话题。成本和费用的基础是权责发生制，要求人为界定责任的归属、时间和大小。不同的人完全可以给出不同的判断。甚至，利用保守原则，高估损失，低估收入，也可能将利润往另一个方向调节，把利润像战备物资一样在丰年的时候储备起来，在荒年需要的时候再释放。

商业管理是科学也是艺术，财务是商业管理的一部分，也同样具有这样的两重性。商业决策根据的是个人经验加数据，财务也无法例外。毕竟，财务是由人来做。

我做过财务分析的工作，分析更是离不开假设。财务分析就是先设立一系列假设，再搭建一堆模型，然后进行各种各样的情景分析，最好的情况、最坏的情况，以及最有可能的情况等。分析的结果完全取决于最初设立的假设条件。

同样的一件事，比如说收购一家食品工厂，你可以通过预测今后10年、20年的市场强劲需求，产量提高，规模化后成本降低，现金流滚滚而来等，算出这个项目折算到今天的价值该值多少钱，从而判断此项决策是如何如何正确；你也可以改变假设条件，证明收购后文化冲突、规模化效应变成规模化矛盾，竞争对手会如何更积极应对，结果价格战无法避免，利润率必然按照负向曲线加速降低，论证出收购实属劳民伤财，不如将资金投入现有员工的福利，提高工作效率，提升企业的自然增长。

而实际的情况往往总是在这两种假设之外。

数字的弹性

操纵财务数字对专业财务人员来说实在不是一件困难的事。

许多做财务做久了的人，跟我一样迟早都会发现数字是具有弹性的。这已是专业里公开的秘密。

做账的确有很多技巧，比如财务报表里的折旧、预提、分摊、递延、减值准备等都存在人为的假设和判断。一些公司也在利用合法的财务准则有技巧地进行合理的调账，在阳光下管理数字。比如，把费用的分类从一个项目转移到另一项目，根据市场的变化情况，合理地调整存货的减值准备等。

这时多数人往往会心痒难耐，特别是又碰巧遇到各种诱惑或者压力的时候，常常会用掌握的技巧调账。只是这种技巧如果使用得太频繁或者太过分的话，仿佛弹簧一般，总有一天会冲出弹性限度以外，而再难恢复。

我刚过30岁的时候担任施乐中国公司的财务总监。有一年，我们的销售额没有能够完成计划，相差1 000万美元。但是年底的净利润却超过计划将近10万美元。就像一个在刀锋上跳舞的舞者，我在财务准则允许的最大限度内合法调账，在年中预测到销售很可能要滑坡的时候就释放了以前很多费用方面的预提。最终，几次内部审计和独立外部审计都不得不承认利润的数字符合国际会计准则以及中国会计准则，尽管他们都很不情愿，但还是在审计报告上签了字。我那时候年轻，喜欢智力上的挑战，对自己的能力充满自信，看到审计师们脸上无可奈何的表情，感觉竟像是打了胜仗。

不过，换到现在，我很可能不会再去挑战这些财务准则的极限，尽管它是允许的，但是，这终归不是个好习惯。经历的事多了以后，现在我更看重数字的质量，而不是纯粹的数量，长远的利益更重要些。

第2章

资产的误解

> 如果你知道了谎言是怎样形成的,谎言就不再是谎言了。

财务报告真真假假,要鉴别出谎言的真实程度就要学会看懂财务数字,也就是要了解财务数字背后的假设。这些假设隐藏在财务报告的基因里。而财务的基本概念即财务语言是这些基因的载体。

我曾接待过两个从瑞典来的同事,在跨国公司工作的便利之一,就是你可以有机会了解其他国家的人如何从不同的视角看待中国看待自己。我们在一家名为"海上阿叔"的中餐馆里吃饭,闲聊《世界是平的》这本书。该书在全球畅销,讲的就是全球化的社会学问题。作者认为虽然哥伦布发现地球是圆的,但是现在的网络化世界将地球变成平坦的了,传统的疆界都将消失。比如你在美国国内拨打航空公司的客服电话,接待你的客服代表说一口流利的带有纽约上城区口音的美式英语,但却是地地道道的印度人,而且很可能从未坐过飞机离开过印度。

席间，其中一个同事突然停下筷子，示意大家安静。餐馆里播放着"后街男孩"的唱片。在午餐时间，餐馆总放快节奏的音乐，好催客人快点吃完好快点翻台。

"你没有发现音乐是全世界通用的语言吗？音乐可以渗透到世界上任何国家。"这位瑞典人在20世纪70年代来过中国，她说那时她就坚信中国会开放，因为她在北京古老的皇城根下竟然听到了西方的现代音乐，也听明白了音乐背后的中国人渴望开放的心思。

音乐是语言，财务也是语言。语言使人类的沟通成为可能，而沟通是合作的关键。传说罗马帝国并不是由于兵力缺乏而被灭亡的。罗马帝国的灭亡是因为它的疆域扩张得太大，而疆域内的人民所说的语言又都不相同，导致它无法再以一个有凝聚力的模式进行运作。

是真佛说家常话

财务不招人喜欢的一个重要原因是财务语言的晦涩难懂。

财务里有很多专业词汇，让人望而生畏。有人专门编过财务词汇的词典，成千上万的词条，就像GRE词汇一样，很多是日常生活中永远见不到的。有时候你会觉得这些拗口的专业名词纯粹是为了保护财务人员的职业安全而有意设计的。

> 伽利略说过，如果不学会宇宙的语言，人类就无法了解宇宙。自然科学家把宇宙的语言定义为数学。我在美国学财务的时候，教授说："对于商业活动来说，国际通用的商业语言就是财务语言。"

然而，现实中，这种通用的语言并不真的能通用。很多人不明白资产和负债的区别，不明白利润并不是真金白银，不知道如何看懂财务报表，不知道怎样利用时间价值判断投资回报。财务的专业词汇，特别是那些翻译过来的词汇阻碍了很多人想要了解财务的兴趣。

《富爸爸，穷爸爸》的作者罗伯特·清崎是我在施乐公司时的同事。他是做销售出身的，"从越战回来后，我在施乐公司找了一份工作，加入施乐公司是有目的的，不过不是为了物质利益。我是一个腼腆的人，对我而言营销是世界上最令人害怕的课程，而施乐公司拥有在美国最好的营销培训项目。"4年后，罗伯特·清崎离开施乐创建了自己的第一家公司，梦想成为他心目中的富爸爸。罗伯特·清崎以销售人员的激情鼓动人们创业投资，摆脱做公司职员的悲惨命运，做自己和别人的老板，从而实现财务自由的致富梦想。

罗伯特认为很多美国人的最大问题是看不懂财务方面的文字表述或读不懂数字的含义。如果人们陷入财务困难，那就是说有些东西——或是数字或是文字他读不懂，或是有些东西被他误解了。富人之所以富是因为他们比那些挣扎于财务问题的人在这个方面拥有更多的知识，所以如果你想致富并保住你的财富，财务知识十分重要，特别是对财务语言即文字和数字的理解。

若干年前，我第一次读罗伯特·清崎的财务培训书时，觉得很不以为然，里面的财务知识浅薄得可怜。后来在北京的人艺小剧场，我居然看到一出话剧，就叫《富爸爸，穷爸爸》，剧中人物在舞台上讨论现金流量表。我知道罗伯特·清崎把很多东西简单化了。后来，我转做市场和销售，在世界各地与各种不同背景的代理商和客户打交道，在时差带来的时空恍惚中，我需要的是最简单最直接的财务语言。这时，我突然有种云深不知处的尴尬。

从企业管理和投资的角度来说，财务都应该是简单的。简单才能实用。如果你觉得复杂，一定是你把它想复杂了。你之所以会把它想复杂，是因为你没有想通那些最基本的概念。

信佛的人说，是真佛说家常话，佛理就在家常话中。财务的智慧从财务语言的基本概念开始。财务的所有词汇，其实归纳起来只有七八个基本概念：

> 资产（asset）、负债（liability）、权益（equity）、收入（revenue）、成本（cost）、利润（profit），以及金钱的时间价值（time value）。

而这些概念想通了就只剩下两个概念：一是资产；二是时间价值。

对于财务报告来说，资产是核心中的核心。因为负债是资产的对立面，权益是资产减去负债的净资产，收入是使净资产增加的东西，费用是使净资产减少的东西，利润是收入减去费用的差额。商业管理的本质归根结底可以说就是资产的管理。

对于投资融资来说，其核心是时间价值，就是说时间是有价值的，现在的钱比未来的钱更值钱。时间价值使传统的记账会计转变成了具有现代意义的财务管理。时间价值的背后是机会成本。一百年太久，只争朝夕。时间价值是一切财富神话的秘诀。

整个财务的语言体系就是建立在资产和时间价值这两个简单的概念之上，如同道家说"道生一，一生二，二生三，三生万物。"CNN把自己的使命定义为"You are what you know."（你知道什么你就是什么）。财务的概念也是有生命的，如果你能像基督徒对待《圣经》条文那样（"语言变成血肉，留在了我们体内。"）对待财务概念，你就会惊奇地发现枯燥的财务也有美丽生动的地方。

正确掌握财务语言，想通这些基本概念，是通向财务世界和财务智慧的第一步。

第2章
资产的误解

大多数行业都在做"假账"?

语言带来的是沟通。沟通的真谛并不取决于你认为你自己说了些什么,更多时候取决于对方听进去了什么,或者说取决于对方认为你说了些什么。

我在美国接受财务教育,于1997年年底回国。当时在看国内公司的财务报表时总是一头雾水,不知道我能读懂多少,甚至于一些最基本的概念,比如资产。

1992年,中国官方对资产的定义是:"资产是企业拥有或者控制的能以货币计量的经济资源,包括各种财产、债权和其他权力。"

这种定义乍听上去并没有什么问题,国内的教科书也这么写,公司的财务报表也都按照这种定义编制。但是,到了2000年,资产的定义被修改为:"资产是指过去的交易、事项形成的并由企业拥有或者控制的资源,该资源预计会给企业带来经济利益。"

另外还有一个特别规定:"企业持有的各项不符合资产定义的资产,或者持有的虽然符合资产定义,但不可计量的各项资产,不能确认为企业的资产。"这种规定相当绕口,似乎是在说废话。不过,2000年的新定义更靠近了西方通用的资产定义。

这些中文用词的改变似乎是不经意的,但是这背后的意思差别很大。1992年的资产定义没有考虑那些资源是否能够为未来带来什么好处,只要是企业拥有的资源都算资产。卖不出去的过时产品,在风雨中长期搁置的机器设备,还有永远都可能收不回来的三角债,都属于资产。我当时感觉似乎大多数行业都在做假账,直到后来我才明白这其中曲折的原原委委:

2000年前,根据国家的宏观经济形势,允许国有企业把还没有处理的财产损失和长期待摊费用等仍然作为资产挂在资产账上,像已经收不回的应收账款或者已经无法销售的存货或者那些太过落后早该淘汰的设备等,这些劣质资产已经不能为企业带来任何未来的利益,实质上都应该算是费用,用来减除利润的。但是,当时政府考虑到为了不使多数业绩不佳的国有企业雪上加霜,出现账目上的更大亏损,另外也考虑到一旦减少了利润,国家将很难承受得住巨额的税收损失,因此,政府做了特别考虑。等到经济状况好转后,企业就开始注重"实质重于形式"了。这应该是中国市场经济发展初期的特色,而在西方人却错误地把整个中国的财务报告都看成是虚假的了。当时,在中国的所有外企都会按照国际会计准则另编一套自己看得懂的报表。

但是,在改正后的资产概念里,"该资源预计会给企业带来经济利益"的"预计"预留了极大的人为预测和判断空间。资产从存在起就不纯粹只是为了记录历史,而是与未来紧密联系在一起的。财务最基本的资产概念从一开始就离不开假设。

你也是一个负资产吗

香港有部获奖电影叫《金鸡》,影片从阿金的角度看香港几十年的社会变迁。其中阿金这样描述1997年之后的香港社会:"1997年,彭定康黯然离港,3个月零22天之后,港股两度跌破1万点。2000年之后,香港又流行三大产(惨)物,那就是负资产、申请破产和禽流感。"

凤凰卫视的某记者曾说:"我是一个负资产,已经好多年了。"她在自己的书中写道:"在香港,只要说我是负资产,很多人都会表示感同身受。因为这已经是大多数香港人的现状。不过在内地,每当我说到负资产的时候,很多人都听不懂,于是我会花一些时间来解释一下,负资产就是你买的房子的房价下跌,跌到已经低于你向银行贷款的数额了。"

她解释道:"我是在1999年买的房子,因为亚洲金融风暴的关系,当时香港的房地产价格从1997年的高峰已经下跌了差不多4成,听从特区政府的话购置了房产,因为大大小小的官员出来说,楼价已经到了谷底,小市民可以置业了。"

"随着工作的稳定,虽然当时买房子供楼的话,会很吃力,但是敌不过有一个自己的家,改善自己生活环境的那种渴望。"

"签完买卖合约,觉得自己的抉择应该算是英明,因为卖方亏了差不多100万,把这套不到46平方米的房子,用200万港元的价钱卖给了我。我觉得自己好像赚了不少。"

"因为当时属于高利息时代,每个月还银行的贷款差不多要2万港元,而且还要20年的时间。从这一天开始,我不是为自己,而是为银行来打工了。"

"楼价并没有像政府希望的那样到了谷底,不到4年的时间,我的房子已经跌到100万出头,于是我成了香港众多负资产一族当中的一员。"

波及全球的这次经济危机的起因是美国的次贷危机。次贷危机导致了大量负资产的出现。20世纪初的时候,在格林斯潘的领导下,美国实施极为宽松的货币政策,房地产市场空前繁荣,房价涨速很快,把已经做了按揭贷款的房子以更高的价格再抵押再贷款成了暴富的一种最快的手段。当房地产市场的泡沫破灭时,房价暴跌,资不抵债,就形成了大量负资产。这种现象我想不会就此绝迹,负资产一族在一

些大城市可能还会出现。

不过，在财务上，她的负资产实际上并不是资产，而是个人财产。财产跟资产是两个不同的概念。财产可以变成资产，也可以变成负债。比如说，一套房子可能是一项资产，也可能是负债，看你怎么管理它。如果房子使钱流进你的口袋，带来经济利益，那是资产；如果为了这套房子，钱从口袋里流出去，而且只是单向地流出，它就变成了你的负债。

如果你理解了资产的真正意义，你就会明白为什么过去在农村里，农民认为儿子是资产，女儿是负债；在养鸡场，母鸡是资产，而公鸡算是负债；以及在商业银行里，存款是负债，贷款才是资产。

2006年4月，媒体传出凤凰卫视董事局主席及行政总裁刘长乐联合一家房地产公司收购北京城区内现存最大的一处烂尾楼——"瑞城中心"，涉及总金额超过30亿元。烂尾楼常被外界称为不良资产，性质与负债相似。但是很显然投资"瑞城中心"房产的目的不是为了替朋友购买负债，也不是为了个人消费，而是看中三环边上这座楼顶有停机坪的未来经济利益。刘长乐收购的是真正意义上的资产。

过期的凤梨罐头

"从分手的那一天开始，我每天买一罐5月1号到期的凤梨罐头，因为凤梨是阿美最爱吃的东西，而5月1号是我的生日。我告诉我自己，当我买满30罐的时候，她如果还不回来，这段感情就会过期。

不知道从什么时候开始，在什么东西上面都有个日期，秋刀

> 鱼会过期,肉罐头会过期,连保鲜纸都会过期,我开始怀疑,在这个世界上,还有什么东西是不会过期的?"
>
> 在王家卫的电影《重庆森林》里,主人公的爱情正在以加速折旧的方式贬值,其象征就是阿美爱吃但又无法保鲜的凤梨罐头。

资产的种类很多,有长期、短期之分,有固定、流动之分,也有有形、无形之分,但是不管属于哪一类资产,都有一个逃不掉的宿命——就是折旧。

折旧是资产被利用的代价,折旧年限是资产的使用寿命。流动资产或者短期资产,比如应收账款和库存等一般不说折旧,不是因为不折旧,而是因为这些短命的资产其折旧速度太快,都在一年之内,以至于财务来不及将它们折旧就已经在报表上以费用的形式一次性处理了。

财务报告的一个非常重要的前提是商业活动的持续经营。所谓持续经营,简单地说就是假定所有公司的寿命都会比你我长,尽管这并不是事实,因为统计学的结论已经证明一个跨国公司的平均生命周期在40~50年之间,并且未来的趋势是越来越短。但是为了运用简便,财务的理论,或者说潜在的期望,假定所有企业都不会关门,都会无限期存在。在持续经营的假设前提下,企业就有足够的时间充分利用资产实现预期收益。因此,理论上几乎所有企业的现有资产都将变成一钱不值的废物,区别无非就是有的时间长些,有的时间短些。

在美国,资产的折旧多半以加速的方式预提,比如说通用的新车一下地,价值就少了20%,这也许跟美国人喜新厌旧的急性子有关。中国大多用每年平均固定的直线折旧法进行折旧,比如如果一台机器的使用寿命是10年,那么每年就折旧10%。但是某些企业最好还是用加速法折旧，比如电冰箱的升级换代比较快，电冰箱生产线使用加速折旧方法可以比较真实地反映固定资产的损耗情况。

折旧年限有时也是个充满人为判断和预测的陷阱。同样的设备，保养的程度不同实际使用寿命也就不一样，这时，折旧的年限就有可能不同。一般来说，国外企业的固定资产折旧期相对于国内企业大多要长一些。比如办公楼等建筑物，国外企业的一般折旧期为30年，国内为20年；冲压机国外为20年，国内为10年。但是对于计算机来说，国外企业都在3年之内折旧完，国内目前则是5年。在上市公司的年报中，有时会看到这样的郑重声明："本公司重新审视了现有资产折旧方法，经董事会一致同意，在本年度内更改折旧年限，特此声明。"折旧年限的更改会直接导致利润表上利润的变化。

我曾在上海的大剧院看过林怀民的舞剧《红楼梦》。那次是此剧的封箱演出，所有人都郑重其事。舞剧结束时，一块硕大的白布覆盖整个舞台，繁华殆尽。曹雪芹这样描写人生的结局："为官的，家业凋零；富贵的，金银散尽；有恩的，死里逃生；无情的，分明报应；欠命的，命已还，欠泪的，泪已尽。冤冤相报实非轻，分离聚合皆前定。欲知命短问前生，老来富贵也真侥幸。看破的，遁入空门；痴迷的，枉送了性命。好一似食尽鸟投林，落了片白茫茫大地真干净！"

这也正是折旧的结局。折旧每时每刻都在发生，如同三伏天的雪糕一样，资产随着时间消融。

在这个世界上，难道就没有什么东西不被折旧吗？有，那就是唯一的例外——土地。说到土地，时间就不再是衡量的工具。土地在财务上是唯一永不计提折旧的资产，因为大地母亲的寿命远远超过渺小的人类。因此，曹雪芹的话很有道理，只要给定足够长的时间，滚滚红尘的最终折旧结果一定是"白茫茫大地一片干净"。

"没有资产，就是最大的资产"

一位伟大的传记中写道："我刚认识几个字的时候，父亲就开始要我记家账了。他要我学习打算盘，因为父亲一定要我这样做，我开始在晚间计算账目。他是一个很凶的监工。他最恨我懒惰，如果没有账记，他便要我到田间做工。"我猜想如果这位伟人当年不投身革命的话，也许他会成为一名精通财务的企业家。

这位伟人一生对于财务工作的论述极少，查来查去只找到了一句话："没有资产，就是最大的资产。"对于无产阶级来说，一无所有就是最大的无形资产。

无形资产一般包括专利权、非专利技术、商标权、著作权、土地使用权、特许权等，以及更虚无的不可辨认的商誉、企业的客户资料、客户关系、销售渠道，甚至微妙的政府关系也是一种无形资产。

凤凰卫视的某记者在书中说到自己的负资产时带着感性，她说："但是，当我走进自己亲手设计的这个家的时候，觉得再辛苦也值得。"家和房子有时是两个不同的概念。房子可以不是资产，而家是。家是无形资产。

每一个人都是一个品牌

> 有一天，罗马教皇在梵蒂冈与全球最有钱的人共进晚餐。其中有位富翁一个劲儿缠住教皇，两个人窃窃私语了很长时间。有人好奇，就凑过去听。原来，那位富翁愿以10亿美元交换一个条件：教皇必须答应，以后每次祈祷完不念"阿门"，而改念"可口可乐"。这当然只是一个笑话，但是品牌早已经成为商业社会中大众的一种消费信仰。

品牌是典型的无形资产。每一个品牌都有自己的品牌价值，或叫品牌权益。品牌权益是品牌的资产（增值）减去负债（贬值）后的净值。全球最有影响力的品牌如可口可乐，其品牌价值据估计超过360亿美元，这就是上面笑话的合理性依据。当然，教皇不答应的背后很可能是因为宗教信仰的无形资产价值远远超过了任何一种商品的品牌价值。

海尔公司的张瑞敏说："我认为所有的资产都应是负债，只有品牌才是真正的资产。你说你现在的厂房、固定资产、生产线都是世界一流的，但你没有品牌。你今天给人家贴牌，明天人家会找到更便宜的，你这就是彻头彻尾的负债。"

中国的企业现在越来越重视品牌的建设，有位民营企业家说："过去我们靠节约、靠削减成本赚钱，现在我们靠花钱、靠投资自己的品牌赚钱。"

一些公司的品牌收购，比如联合利华的和路雪收购了曼登琳，立顿红茶收购了京华茶叶，目的是为了将竞争对手的品牌连带其未来一起葬送掉，像武侠电影中武林争霸一样，保证自己的品牌能够独步江湖。

品牌使用费是品牌的收入。沃尔沃公司为了整合自身的商业运输解决方案，同时又苦于小汽车产量无法快速提升，在1997年的时候将小汽车业务出售给了美国福特公司，但是仍然拥有一定比例的品牌权益，就是说，福特公司每卖出一部沃尔沃小汽车，要付给瑞典沃尔沃公司一笔品牌使用费。

无形资产还包括知识产权。我以前在软件行业工作，我们的产品不是光盘，光盘只是臭皮囊似的载体，我们的产品甚至不是软件，软件本身即源代码是不出售的，我们的真正产品只是软件使用许可。这种许可从网上"快递"给客户，客户得到的只是一个密码，一个软件的使用权利。这种权利类似微笑，可以无限分享，且不会对所有权有任何影响。因此，软件业的毛利润率一般都远远超过其他行业。微软是个典型代表。在软件行业里，擅长知识产权保护的律师在某些方面甚至取代了财务人员资产守门人的角色。

戴明博士花了毕生的心血研究质量的量化问题，以倡导全面质量革命。在他晚年的时候，他说，企业的管理问题只有3%是可以衡量的，97%是无形的，无法用数字来准确统计。企业的管理体系和企业文化也是一种无形资产。吉姆·柯林斯带领他的研究小组，收集了大量的数据，寻找公司从优秀到卓越的答案，其中重要一项就是训练有素的企业文化。

美国西南航空公司是极少数能够持续赢利的航空公司。就像派克街的鱼贩市场一样，它的企业文化是快乐。西南航空培养了一大批快乐的员工，在它的总部达拉斯，我看不到一个西装革履一本正经的行政官员，走廊的墙壁上贴满员工组织的各种活动的照片，满是笑脸。快乐的员工把快乐带给了乘客。美国西南航空公司的客户满意度是行业里最高的。

曾任职于GE的杰克·韦尔奇不把自己定义为CEO，而是CHRO，首席人力资源官，负责选拔、培养和管理企业的领导者。企业文化往往是受上层领导者的影响，有什么样的领导者就会有什么样的企业文化。而提升一个领导者的表现远比提升一群人的表现要容易且有效得多。

其实每一个人都是一个品牌。经营好自己的品牌就是经营好自己的未来。

吴宇森的鸽子

去洛杉矶的时候,不可不去的地方是好莱坞。在傍晚的贝弗利山庄和日落大道散步,感觉空气里似乎都弥漫着一种奇特的迷人魅力。街头甚至有人在兜售明星的住宅地图给游客,10年前是1美元一张,不知道现在涨价了没有。

无法想象,在20世纪初,初建好莱坞的时候,这里还只是一个封闭保守的小镇,镇上的酒吧曾经张贴过这样的牌子:"演员与狗不得入内"。今天,这里成了生产人类梦想的工厂,现实在这里终结。如同奢侈品的品牌魅力一样,小镇的价值也早已今非昔比了。

好莱坞的名气本身已经成为一种无形资产。

财务对于无形资产的评估态度实际上一直很暧昧,可以说既爱又恨。就像我们对待感情一样,常常只有在失去的时候才明白它的价值。

财务的基本原则要求客观、保守、一致,企业自主开发或形成的无形资产,吸引顾客的产品品牌和越来越有价值的商誉一般并不反映在资产负债表中。不是因为它们不重要、没有价值,而是因为它们的价值无法用准确的数字衡量。

对于拥有优质无形资产的企业,它们的价值在资产负债表中往往被人为地低估了。无形资产只有在企业成立、出售、上市、增资扩股或与人合作时,通过溢价的方式来体现。

中国证监会规定,企业上市前一年末,无形资产在净资产中所占的比例不得高于20%。对高新技术企业,无形资产出资可以占注册资本的35%。证监会的目的是保证企业在发行前无形资产占净资产的比例不要太大,借以维护公司资产的真实性。至于说为什么低于20%或35%就能保证其真实性,这本身就是在用准确数字表示模糊概念了。

跟其他资产的特征一样，无形资产也会折旧，或叫摊销。无形资产一般在预计的使用年限内分期平均摊销。如果合同没有规定受益年限，法律也没有规定有效年限的，无形资产的摊销期一般不超过10年。如果现有的无形资产已被其他新技术所替代，或者此无形资产的市价大幅下跌，比如品牌受损（品牌"生病"了），并且在剩余摊销年限内预期不会恢复，这时就需要做减值准备。商誉如果不维护好，在你不注意的时候，有可能从"美誉"（goodwill）变成"毁誉"（badwill）。

文化也是一种无形资产。我因为工作的原因，必须经常去欧洲。下班之后，除了逛无数的博物馆之外，最愉快的事是漫步在那些古老的石子路上，在那些历久弥坚的教堂、城堡、建筑之间流连忘返。它们大多数都还在使用，像布鲁塞尔的股票交易所，甚至于教堂前面小河里的几只鹅，也都在世代繁衍着。这时你会觉得欧洲近几百年的文化复活在你的身边。甚至于，在中东的大马士革，那座世界上最古老的首都之城，在拥有数千年历史的市场上你会感受到同样的活力。

在中国，我们几千年的文明遗迹有些成了传说，维护得不太理想，折旧即贬值的速度太快了，有时让人觉得痛心。像一些历史上著名的古城镇，快速的商业化已经掏空了这些小城的历史文化价值，整个古城几乎沦为旅游纪念品和廉价酒吧的集散地。

所有的无形资产都具有一定的生命周期，都需要不断地维护。企业在管理无形资产时，要尽量申请专利、著作权、商标权等法律保护形式，同时加强商业秘密、技术秘密的保密措施。施乐复印机的高额利润就是通过专利保护实现的。一个普普通通的施乐复印机身上至少申请了五六百项专利保护。

> 吴宇森在好莱坞拍摄过一部电影——《致命报酬》，影片中的麦克就是一个生产无形资产的工程师。他的雇主为了确保知识产权的保密性，利用激光甚至同位素技术消除他的大脑记忆细胞。这恐怕是世界上"最安全"的保护知识产权的措施了。科学家们正在研发的人体芯片将产生类似的效果。吴宇森的个人品牌象征之一，代表其暴力美学的总是出没在血雨腥风中的那只白色的和平鸽，再次在银幕上如幽灵一般飞过。

轻资产战略

《道德经》中有一段话很精彩："……上德若谷，大白若辱，……大方无隅，大器晚成，大音希声，大象无形，道隐无名。"意思是说，有形等同于无形，有象等同于无象，所以说"大象无形"。有形资产和无形资产的关系也是这样，如果能够平衡虚实，就可以提高资产质量，实现资产回报的最大化。

麦肯锡咨询公司喜欢诊断中国企业的管理问题。麦肯锡认为中国企业需要加强五大能力建设：第一是卓越的财务能力；第二是强大的运营能力；第三是出色的营销能力；第四是杰出的战略能力；第五是优秀的人才吸引和培养能力。卓越的财务能力特指透明的财务和会计制度、预算流程、财务分析、资本筹集和优化以及轻资产战略。

所谓轻资产战略，是针对企业的资产回报率来说的。在利润不变的情况下，资产越少，分母越小，资产的回报率自然会越高。轻资产战略是实现投资高回报的有效手段。

要实现轻资产战略，最重要的是拥有优质资产以及无形资产，这是实现高额利润的保障。资产重组的目的并不是要一味增大资产总额,而是要拥有更多的优质资产,要提高资产的回报。

什么是优质的资产呢?优质的资产可以是创新的设计,可以是高效率的设备,可以是最经济的库存,也可以是最适量的应收账款。

最令人头痛的流动资产

企业的有形资产包括厂房、设备、应收账款、存货等。其中应收账款和存货属于流动资产,在短时间内(比如一年)很容易转换成现金。企业的日常管理就是管理这些流动资产。

理论上,流动资产的周转都应该是很快的。但是,实际情况往往相反,在所有的资产中,最难管理的是应收账款,最昂贵的则是存货。

企业面对应收款的态度很矛盾。在非垄断的行业里,赊销很难避免,它是销售的利器,是市场竞争的需求。应收款是赊销的结果,却也是最让人头痛的资产。有些企业被巨额应收账款所累,派人四处讨债;有些企业被迫建立庞大的信用管理及收款队伍,以律师为后盾;有的企业索性将所有应收款打包卖给专业金融或收款公司;还有的企业走向另一个极端,所有交易以现金支付,有点儿因噎废食。

> 日本有部电影叫《女税务官》,是死于非命的导演伊丹十三的早期作品,说的就是收账的故事。虽然女税务官是替政府收税,但是收账的难度一点儿不比企业轻松,特别是当黑社会老大也要尽公民的纳税义务时。

应收账款的管理一方面是管理财务风险,防止出现客户不付款的呆账或坏账;另一方面是管理流动资金的周转,督促客户按时或者提早付款。销售周期只有在应收账款全额收回后才真正结束。

我在美国施乐公司工作的时候,曾经委托毕马威会计师事务所做过应收账款的管理调研。应收账款的管理方法很多,毕马威列出的多数企业常用的一项措施挺有意思的,就是利用5C标准建立标准客户信用评估体系。

所谓5C指客户做人的品质(character)、还债的能力(capacity)、拥有的资本(capital)、可能的抵押品(collateral)以及整个经营环境(condition)。在所有C中第一个C最重要。判断人的品质不是件容易的事,在商场中,见利忘义,遇人不淑的事几乎天天发生。这需要丰富的社会经验和敏锐的观察力。

有人会利用牌桌或者高尔夫球场去判断一个人的品质,特别是在高尔夫球场上,杆数都是自己数的,没有专门的监督者。我没试过,但是我猜这些办法可能会有一定道理,人在最不设防的时候本性更容易流露。

> 在孟加拉有一位银行家叫穆罕默德·尤努斯。他发现了一个秘密,就是"肉食者鄙",在品质上穷人的信用更值得信赖。尤努斯创建了小额贷款银行,为贫穷的农夫、街上擦皮鞋的小贩提供无抵押的低息贷款,甚至乞丐也可以来做短期借款,尤努斯发放的第一笔贷款只有27美元。尤努斯银行的信用风险是同行业最低的。这种商业模式的成功让尤努斯获得了诺贝尔和平奖。

实际上很多企业都有自己独特有效的应收账款管理方法,有家公司甚至利用企业退休人员上门催款,他们大多手里端杯茶上门,因此又叫"茶伯"。

我自己虽然没有请过"茶伯"来帮忙,但是在施乐公司工作的时候，由于直销市场激烈竞争，公司出现巨额应收账款。我曾组建过信用管理团队，也就是收账小组。一群朝气蓬勃充满活力的年轻人通过各种方式，如电话、邮件、登门拜访、法庭诉讼等催收应收账款。当时效果立竿见影，现金回笼状况改善了很多。

不过，现在想来也许这种头痛医头的做法并不值得炫耀。信用归根结底是人的一种选择，是一种习惯，是广义上的客户关系。管理应收账款实际上是培养客户的习惯。而好的习惯不是从天上掉下来的，是靠日常管理训练出来的。

真正好的应收账款管理是不需要任何催收的客户关系管理。追账，无论是多么聪明有效的追账都不会给企业和客户带来额外的价值，都是不得已而为之的下下策。今天再看我当初在施乐公司的做法，我也许会把那些宝贵的年轻的人力资源投入到更有价值的客户关系的管理上，而不是去一味地催讨账款。

当一个问题太难解决的时候，也许最好的解决方案就是让这个问题消失，使其不再成为问题。当应收账款转变成客户关系的时候，应收账款的问题就消失了。当这一问题不再存在的时候，也就不会再让人头疼了。

中国人的信用问题

> 关于中国人的信用问题，法国启蒙运动的思想家孟德斯鸠在1748年出版的《论法的精神》一书中认为，中国人的生活完全以礼为指南，但他们却是地球上最会变通的民族。这特别表现在他们从事贸易的时候。虽然贸易会很自然地激起人们信实的感情，

> 但它却从未激起中国人的信实。向他们买东西都得要自己带秤。每个商人有三种秤,一种是买进用的重秤,一种是卖出用的轻秤,一种是准确的秤,这是和那些对他有戒备的人们交易时用的。
>
> 孟德斯鸠还认为,由于需要或者也由于气候性质的关系,中国人贪利之心客观存在,但法律并没想去加以限制。一切用暴力获得的东西都是禁止的;一切用术数或狡诈取得的东西似乎是许可的。因此,让我们不要把中国的道德和欧洲的道德相比较吧!在中国,人会注意什么对自己有利;如果骗子经常关系着自己的利益的话,那么,容易受骗的人也就应该注意自己的利益。(第19章第20节)

孟德斯鸠从来没有到过中国,他的这种让很多中国人看了很不爽的观点得自于1721~1722年间一些西方贸易商人的远东游记。尽管偏激,甚至错误,但是多少反映了当时西方人按照自己的价值观对当时的中国商人的信用批判。

实际上,现代中国企业的商业信用,一方面受计划经济的影响,如政府介入的担保等;另一方面也受中国文化的影响。在一个资信发达的社会里,彼此之间的契约以及独立的评估公司可以帮你获得任何一家公司的真实信用状况,但在中国,人际"关系"多少弥补了一些由于资信不发达所引起的信任危机,活生生的人才会让人觉得更有信任感。

《论语》中说子路是"无宿诺"的,答应过的事从不隔夜,"片言可以断狱",就是说单凭子路个人的一面之词就可以升堂断案了,可见子路的个人信用远远超过事情本身。从社会学的观点来看,中国人重关系的传统使中国社会成为人际关系的网络社会。

一个出了名的债务人在饭桌上曾对我说,"钱肯定是有,但是也肯定不够,问题是先还给谁。"中国商人的信用被人际情感和个人之间的信任关系左右着。人际情感的最大特点是多变性和地域性,而这正是对现代商业信用的最大挑战。

多年前国内推出过中国首张RAP专辑——《某某人》,其中那首专辑同名曲大概是说,在某某城市里,无论你是什么样的人,你一定是某某人的某某人。这总让人联想到中国南方的一些城市,私营企业繁荣的背后是个人关系网的高度发达。

出口信用管理

以我的经历来看,我觉得信用管理最难的倒不是国内的客户,而是做国际业务的时候。

国际业务不完全等同于国际贸易。国际贸易相对倒也简单,你付钱我发货,最多利用信用证付款。信用证可以是即期的,也可以是远期的,不过,开证银行也会有风险。在很多国家,银行是私有的,本质上只是金融公司,跟所有商业公司一样都有可能破产倒闭。另外,在一些被西方孤立的国家如伊朗、古巴等,并没有你熟悉的银行,也没有国际信用卡公司。

国际业务往往比进出口贸易更走远一步。就像当年《财富》500强公司进入中国市场一样,在其他国家建立分公司,发展代理商,雇用当地员工,管理当地客户。信用管理同样成为了客户关系管理,只是由于文化背景和商业环境不同,跟本国的游戏规则相差迥异。

如何管理国际信用呢?在机场总能看见汇丰银行的那句口号,

"Think globally, act locally"意思是说站在全球角度思考，站在本土角度执行。

这自然是一种最好的方法，只是做好并不容易。

> 记得我在美国刚加入跨国公司工作的时候，我所受到的第一项训练竟然是吃饭。每到吃饭时间，我的经理总要带我去尝试不同国家的食物，有的好吃些，有的真是难以下咽。"要想做好国际业务，"他拍拍自己的肚子看着我，"首先你要了解当地的文化，而要了解当地的文化，首先你要有一个国际的胃。"

戴明博士的鸡蛋库存管理

戴明博士在第二次世界大战后因帮助日本公司进行全面质量管理（TQC）而闻名于世。戴明的主要贡献之一是将统计数字引入质量管理，把抽象的质量概念数量化，使质量全成本的计算成为可能，弥补了财务数据的不足，从而使经营者最终明白该如何有效管理质量。

据说，戴明博士在家里喜欢把冰箱里的鸡蛋通通标上购买时的日期，先买的鸡蛋先消费，这样可以确保他能一直不断地吃到相对来说最新鲜的鸡蛋。戴明博士的这种库存管理方法就是所谓的FIFO（先进先出），与此相反的是LIFO（后进先出）。除了新鲜程度不同以外，如果鸡蛋的价格在不断上涨，那么在财务意义上"先进先出"的结果是库存的鸡蛋成本比"后进先出"要高。相反，如果鸡蛋的价格在不断下降，那么"先进先出"的库存鸡蛋成本要比"后进先出"的低。管理办法不同，导致的库存成本也会不同。

电影《完美风暴》里有许多精彩的捕捞金枪鱼的镜头。金枪鱼、三文鱼之类的深海鱼被打捞上来之后，要立即被冷冻在冰块里，这些鱼离开海水无法生存，带鱼也一样。盘点时根本没有办法称出净重来，只能靠经验毛估。

跟其他很多做财务的人一样，我对于盘点库存的经历，似乎从来没有愉快过。盘点的误差有时大得惊人，有时甚至无法避免。

> 我在食品工厂工作的时候，每到月底，我都要身先士卒，带领成本会计去仓库盘点。工厂生产"湾仔码头"牌冷冻水饺。盘点前一星期，通知就会发给生产、销售、采购、仓储、运输等各部门，要求提前做好准备。到了盘点那天，工厂上下如临大敌。所有原料不准进库，所有成品不得出库，如果可能，工人有时还需要停产一天。不知情者还以为我们被工商局查封了呢。原料仓库还好办，花半天时间可以清点完，面粉、油、芝麻、配料等以袋计算，蔬菜以筐计算，有时要爬到堆成像小山一样的罐装原料的顶上盘点。而成品则需要进冷库盘点。负责看管冷库的师傅提前准备了军用棉大衣和棉帽给我们。在零下三四十度的冷库，我在里面待10分钟就得跑出来暖暖身。对于这种行业盘点的结果，我不敢保证会有多么高的准确度，估测有时不可避免。

我记得小时候，我家边上卖百货的小杂货店，每到月底也都要停业一天。门口挂个木牌子，上面用白粉笔写着"今日盘点"。不知道现在是不是已经改用电脑库存软件，可以随时盘点了，依然还是继续在月底盘点，只是下了班后加班做。

盘点的目的一是为了核对数量，如果实际数量比账上少了，属于盘亏，就要调整进入利润表报损；二是为了观察质量和价格，现在的财务报告都开始要求预先计提存货跌价准备。

最昂贵的流动资产

> 存货的出现是以现金的消失为代价的。如果能够有效管理库存成本,在销售收入不变的情况下,可以轻易地增加至少2%的净利润。

我去上海的梅龙镇广场买了件黑色小大衣,花了2 000元钱,被送了1 000元的购物券。为了用掉这1 000元的购物券,不得已我多付200元买了件浅绿色的羊绒背心,尽管我知道自己不怎么需要它,结果又得了500元的购物券,我不得已又贴了100元买了条深绿色的吊裤带,结果我又有了购物券,然后我又不得已买了条淡绿色的领带,还有环保色的袜子。就这样,商场里的库存通过这种促销方式顺利地转移到了我家里。3年了,除了那件小大衣以外,背心、吊裤带、领带和袜子都还没有拆封,整整齐齐地躺在衣柜里,绿茵茵地冲着我笑。似乎是对我这种受过严格库存管理训练的人的小小的讽刺。

人们对于存货的一般期望是保持安全库存量,不要缺货,以便随时满足客户的需求。库存过多,很少被当作一件大事对待。有时为了享受大批量采购的优惠价格,还会人为增加一些不必要的但是听上去便宜的原料库存。购物券就是利用这种办法拉动不必要的内需的。

对于很多公司来说,在所有资产里,存货实际上最昂贵、最费钱。中国国家统计局统计的18万家独立核算工业企业产成品库存占其全年销售收入的9.6%,比一般企业的销售和行政费用加起来还要高。如果能够有效管理库存成本,在销售收入不变的情况下,可以轻易地增加至少2%的净利润。

同时,存货的出现是以现金的消失为代价的。尽管是以一种资产购买另一种资产，但是如果存货占据了太多现金，会导致利润如海市蜃楼一样永远无法兑现。

  传统意义上的库存成本只包括采购成本、订货成本以及储存成本。但这只是冰山露在水面上的部分。水面以下的隐形成本还包括购买库存的资金成本、保险、搬运、搬运设备的折旧、货物的损坏、过期、盘亏，以及库管人员的人工及福利成本等。这些隐形成本每月一般会占库存货物价值的2%，一年下来，库存的成本无形中会增加1/4。在传统的财务体系里，这些隐形成本被归结为管理费用，从来没有把库存像对待产品那样进行详细的成本分析。

  对于大多数企业，库存不仅费钱，而且还面临着无处不在的价格风险。库存的记录是以当初购买时的价格即历史成本为基础的，如果市场价格变动大或者保存得不够好，库存有可能贬值，这时就要预提存货的减值准备。

  当然，有些产品历久弥新，放得时间越长越值钱，像一些酒类或者发酵的茶叶如普洱等，是不需要做跌价减值准备的。

  由于财务保守原则的要求，库存升值并不确认，只有在交易发生后，增值部分兑现了才能以利润的形式被确认在财务报表里。

啤酒游戏的财务意义

  我在北京工作的时候遇到过麻省理工学院的彼得·圣吉教授。他倡导学习型组织的理念，号召一种系统思考模式的修炼。这种模式可以让你避免陷入头痛医头，脚痛医脚的窘境。后来在昆明的滇池边上，我还协助圣吉教授组织过企业家学习营的活动。

  我从他那儿第一次了解到供应链管理中的啤酒游戏。啤酒游戏说的是市场中终端需求的微小变化会被连锁放大，像多米诺骨牌一样最终反映到供应商和制造厂家的库存中。零售商、批发商和制造商，任何一方的意图都是良好的，都想好好服务顾客，满足顾客的需求，保持产品顺利地在系统中流通并避免损失。但是，尽管没有一个人的用意是坏的，危机还是存在于系统的结构中。游戏结束的时候，几乎每个人手里都攥着庞大的库存。

为了满足顾客的需求，一方面供应商不得不囤积主要原料；另一方面，产品的成本快速增加必然导致产品大幅提价，结果是销量突然陡减，产品价格开始像过山车一样快速下跌，而生产周期往往不可能在一夜之间调整过来，这就必然导致成品和原料库存积压，而这些库存都是高成本的。市场价格大跌的结果，是利润骤然下降。雪上加霜的是，库存占用了现金，周转变慢，而在经济危机的时候，最最重要的是资产的流动性。

游戏的财务意义旨在说明：谁的流动性好，谁就有可能生存，并且当危机过去时，有可能第一个复苏。

我的"大概齐"管理方法

相对于销售、市场等部门，长期以来库存管理在企业里的地位，就像人们对抽水马桶的态度一样，它正常运转的时候，没有人感觉得到它的价值，只有当它堵塞的时候，大家才发觉它有多重要。

至于管理存货的方法，商学院里传授的经济批量公式在实际操作中显得太过理想化，很难实施。因为经济库存的基础是准确的客户需求预测，对于快速消费品行业来说，由于时间滞延的影响，常常会形成啤酒游戏效应，导致生产需求的巨大波动。一味追求经济库存的结果往往是要么生产开工不足，市场需求不能满足；要么库存加速积压。

盘活库存的最重要的办法是加快周转。在国际上，通常企业存货的周转次数一年内至少应该6~7次，或者说周转天数为50~60天。比如，沃尔玛的存货周转天数是44天，中国国有工业企业的存货周转天数为100天左右，而日本企业的存货周转天数只有20天。1953年，日本丰田公司创造了一种低库存的生产方式，"即时生产"（JIT）意思是"只在需要的时候，按需要的量，生产所需的产品。"从那时起，很多公司都在追求一种库存量达到最小的精细型生产系统。但是传统的管理模式以及数据信息系统都无法使企业真正做到JIT，直到ERP、MRPII等信息技术和互联网技术兴起，JIT才有可能变得可行。

我离开品食乐公司后，加入施乐公司，又要负责库存。这次还好，盘点不再需要穿棉大衣，但是上千种的耗材配件让我头痛不已，还有时不时的退货。有一次，上海下大雨，积水倒灌进仓库，大量复印纸受到损坏，最后上法庭解决赔偿纠纷。我们的仓库在上海外高桥的保税区。所谓保税区，有点像当年周润发出演的《和平饭店》，只要不出保税区，就可以享受国中国的豁免待遇，不用交关税、增值税等，这样可以省掉很大一笔钱。

当时，我推行的"大概齐"库存管理办法是传统的基于20/80原则的ABC管理法，即把所有存货分为三类：A类，一般占存货总量的10%，资金占用额约占存货资金的80%；B类，约占存货总量的20%，资金占用额约占存货资金的15%；C类，约占全部存货总量的70%，资金占用额约占存货资金的5%。然后集中精力管理A类和B类。

这种粗放式的管理虽然不是那么理想，但是基本能保证客户需求得到满足，以及财务报表中存货的数据95%准确。没有人太多挑剔我的办法，"大概齐"的管理能使工作效率更高些，库存周转整体也快些。

后来我在EDS的软件公司工作，我们的产品是管理产品生命周期的设计软件，比如基于三维设计的UG⊖和Solid Edge⊖等。刚接手时，我硬着头皮打听仓库在哪里，而得到的回答是没有。因为我们卖的是软件的授权许可，用户可以通过网络下载。我心头好一阵暗喜。我终于可以不用盘点了。

换另一个角度来想想，最终消费者真正愿意购买的是产品的功能和价值，至于产品在生产过程中出现的搬运、超量生产、仓储资金占用等都不会给客户带来任何额外的价值，将这些成本塞进价格里让客户买单本身就不合理。

因此，理想的存货管理应该是没有存货的管理。跟解决应收账款的办法一样，让库存消失，问题就好解决了。

软件公司做到了，网站公司也做到了。比如，雅虎的产品是广告空间出售和网上平台出租，所谓的空间和平台都是虚拟的，只有当有客户订购时它们才存在。所以雅虎的产品没有库存，存货周转天数为零。生产硬件的戴尔提出了"摒弃库存"的战略模式。根据顾客的需求定制产品，使生产更具柔性。戴尔公司消灭了成品库存，其零件库存量是以小时计算的，当它的销售额达到123亿美元时，零件库存额仅2亿美元。

⊖ UG是当今较为流行的一种模具设计软件。
⊖ Solid Edge是一款三维计算机辅助设计软件。

第 3 章

负债者言

利用财务杠杆负债经营是借鸡生蛋的好办法，也是华尔街最推崇的致富工具。连"垃圾债券"都有可能换来真金白银。不过，财务杠杆尽可能不要最大化。

分清资产与负债

负债与资产是对立而统一的。

对立的情形是，负债和资产就像同一枚硬币的两面。比如，你用信用卡透支，你的银行存款变成负数，成为负债。对于银行来说，这种关系刚好相反，同样的一笔钱，你的存款是银行的负债，你的透支则是银行的资产。彼此之间存在交易往来的两家公司，一方的流动资产如应收账款，就是另一方的流动负债即应付账款。

统一的情形是，负债和资产本质上是表象为两面的同一枚硬币。负债的目的是为了增加资产。资产的来源除了投资者的资本金外，还可以通过借贷即负债筹得。

所有的资产都有可能转化成负债。资产经营得不好，不能带来利润时，变成不良资产，就是负债。工厂的许多闲置设备被露天放置任凭风吹雨打，已经在急剧贬值，是负债了。存货销售不出去，堆在工厂的各个角落里，也不再是资产而是负债了。应收账款是典型的资产，但是应收账款收不回来时，成为坏账，就成了负资产，即负债。

在财务的眼里，这个世界就是由资产和负债组成的。所有事物，不是资产就是负债，或者是在弄清楚到底归属于资产还是负债的过程中。

> 就像光谱分析一样，两端是资产和负债，中间是些混合物，由于所含的成分比例不同，所反映的倾向也不同。有些东西资产的特征占得多一点，有些东西负债的特征占得多一点。这些特征同时又是不断变化的，有时昨天还是资产，今天就会变成负债。分辨清楚是资产还是负债是培养财务意识的第一步。

罗伯特·清崎勉励读者立志成为富爸爸时就说：如果你想变富，只需在一生中不断买入资产就行了；如果你想变穷或成为中产阶级，只需不断地买入负债。资产有可能带来现金，带来希望；而负债的代价是现金的流出。

正是因为不知道资产与负债两者间的区别，人们常常把负债当作资产买进，从而导致世界上绝大部分人要在财务问题中挣扎。

"富人得到资产而穷人和中产阶级得到负债。"清崎在这儿说的是好的资产。不良的资产（比如过期的库存）或者不良的经营（比如周转不灵），都不能增加收入，最终并不能使权益增加。因此，清崎又说："你最大的资产其实就是你的脑子，你最大的负债也是你的脑子。"

飞行里程也是负债

经常出差的人大多跟我一样，口袋里准备着许多航空公司的里程卡，积攒到一定里程数，可以免费升舱或者换免费机票。航空公司推出的飞行里程奖励计划实际上也是一种负债，因为这是航空公司的一种义务，有责任要兑现的。

负债是企业对外部承担的经济义务。通俗地说，凡是欠别人的，即IOU（"我欠你"），都属于负债。英文里负债叫liability，就是责任的意思。商业保险的一个基本险种叫做Liability Insurance（责任险），主要就是为了替投保人承担责任而设立的。企业的负债一般包括银行透支、应付账款、长期借款、员工的带薪假、产品保修期的服务等义务。

相对于流动资产，负债有流动负债；相对于固定资产，负债有长期负债；相对于无形资产，虽然没有无形负债的说法，但是无形负债的确存在，比如一些道义或者情感上的无形义务。

资产有优劣的差别，负债也有良莠之分，一个简单的判断就是优质负债的成本即利息低，不良负债的成本即利息高。所谓高低的参照物，就是你的赢利效率。

在企业发展的初期，很多情况下资金自给自足，负债相对很单纯。随着企业越做越大，负债也随之越来越复杂。对于乐观的人来说，负债是可以攻玉的他山之石，或者是轮船上的压舱石，没有压舱石的轮船在大风大浪中更容易飘摇甚至沉没；对于悲观的人来说，负债相当于财务上的俄罗斯轮盘赌，枪膛里总有一颗子弹，你永远不知道哪一天会引发你的财务危机。

其实，跟资产一样，负债是好是坏，完全取决于如何管理。

财务杠杆就是用别人的钱赚钱

利用负债经营的好处是借鸡生蛋，用别人的钱替自己赚钱。

如果借款的成本即利息率低于你经营获得的利润率，你就可以不用自己的钱来赚钱了，这种情况就叫财务杠杆。这种负债就是好的负债。

在生产经营过程中，利用大规模批量生产的方式可以摊薄一些固定资产，这种方式叫经营杠杆。这种效益就是规模效益，是企业做大的动力之一。

所有聪明的企业都在充分利用各种可能的杠杆作用。

财务杠杆越高越好吗？杠杆是增加力的一种工具。根据牛顿的力学定律，有作用力就一定有同等大小的反作用力。财务杠杆在增加预期收益的同时也增加了风险。

企业的负债比率越高，利息负担就会越重，除去利息和税负之后的利润就会大大减少。高负债率能锦上添花，也能雪上加霜。如果不能按期偿还利息，企业就有破产的危险，或者遵照企业破产法请求破产保护。保护的目的是免于资产被清算，因为债权人比股东有获得赔偿的优先权。一旦真的清算，基本上给股东就留不下什么残羹剩饭了。

因此，财务杠杆并不需要最大化。财务杠杆到底可以用到什么程度呢？因人而异，因时而异，因行业而异。原则上适可而止。

资本结构管理的一个重要前提是企业对未来销售的预测，因为销售额的较小变化会导致税后净利润的较大变化。如果杠杆程度越高，这种变化幅度就越大。如果预计到未来销售额会有很大增长时，可以采用少发行股票，多发行债券的方法，使企业的税后净利润有较快的增加。如果未来销售不会有较大增长时，则应该少用债券，尽可能使用股权融资即发行股票。

一般来说，银行由于所拥有的资产流动性都比较强，会使用比较高的财务杠杆。公共事业单位如水、电、气公司的未来收入相当稳定，并且往往会持续上升，企业也使用较高的财务杠杆。在中国房地产业，由于房地产预售制度的存在，房子没造好，就已经开始出售，开始收钱了。这时收到的钱不是收入，不是资产，只是预收款。预收款是一种典型的负债，因为还没有交货，房地产预售合同是典型的欠条，即IOU。

> 我有个朋友早先时候在北京做房地产开发。他给我解释那时的商业模式："我们没有钱，我们其实也不需要钱。设计有设计公司，建筑有建筑公司，市场策划有策划公司，政府要开发就找我们，我们的角色就是将所有资源整合在一起，拿批文，售楼花⊖，钱不够时就找银行贷款。真是黄金时代。"房地产行业正是利用这种超高的负债率（高达150%以上）超常发展起来的。

对于华尔街专做资本运营的金融服务公司来说，财务杠杆也是它们最推崇的致富工具。再融资、次贷、期货，以及几乎所有的金融衍生投资产品都有财务杠杆的设计在里面。财务杠杆可以帮助你以小搏大，成倍或者几十倍的获利；当然如果杠杆力的方向错了，也可以让你亏得倾家荡产。

美国的金融危机最终引发了全世界的经济危机，其中一个重要原因正是金融公司过分利用了杠杆效用。资本的贪婪把金融杠杆工具推向极限。危机过后，去杠杆化成为必然。

⊖ 楼花一词源于香港，指未完工的物业，即在建物业。售楼花指预售房屋。

负债的结构性问题

> **借钱的两个问题**
> 借多少？
> 借多久？

借钱的第一个问题是借多少，第二个问题就是借多久。对于后一个问题的最直接的答案就是越久越好，最好借款期长到天荒地老无限期，别说，还真有这样的债券，债权人从一开始就没指望收回本金，只要生生不息的利息。但是，长期借债意味着更高的成本。那么，什么时候拥有长期负债，什么时候拥有短期负债呢？

原则是视需要而定，长期负债一般用以购买长期资产，比如厂房、设备等固定资产；短期负债用以支付短期的流动资产的需要，比如做广告、买原料和发工资都应该利用短期借债，如果需要借款的话。

原因也非常简单，因为还债的期限不同。短期负债的本金需要几个月之内就得偿还，只有流动资产有可能在几个月内赚回足够的现金，而固定资产的收益是细水长流的。

原则和原因都很简单，但是做起来似乎并不简单。不少企业由于各种原因，无意或者被迫地违背这一原则。用长期借款来融资流动资产，看起来似乎没有任何风险，但是成本会成为负担；用短期借债来购买固定资产，现金流会受很大影响，最糟糕的甚至可能导致破产，即资产负债的结构性破产，有利润，但是没有现金还债，这是最冤枉的一种破产，活生生被债主逼死。

负债的结构性问题是一种典型的对冲要求。关于对冲现象，在本书后面谈到风险管理时还会再提到。

"垃圾债券"的故事

在美国的资本市场里,融资渠道主要有股票和债券,其中公司债券占60%、政府债券占20%、股票占20%。与中国不同,债券市场是美国企业最重要的融资渠道,财务杠杆被普遍利用。没有负债,就没有今天的美国经济。

与跌宕起伏的股票市场一样,债券市场也流传很多传奇的故事。最有名的就是"垃圾债券"事件。

所谓"垃圾债券"并不是指像垃圾一样没有价值的债券,而是指在投资级以下的债券,即在标准普尔和穆迪的信用等级里从BB级到CCC级的债券,它的特点是风险大,信用没有可靠保证,但是收益高。标准普尔和穆迪对投资的信用等级素来划分很严格,甚至带有些不可理喻的偏见,像中国四大国有银行在标准普尔和穆迪的信用等级里就一直被评为BBB级,最近才被上调为BBB+。

20世纪七八十年代,美国产业进行大规模调整与重组。在新技术的推动下,传统产业需要更新设备,新兴产业不断涌现,市场的重新洗牌需要大量资金,而这些企业在更新与重组的过程中,风险系数极大,商业银行不可能完全满足其对资金的需求。相比之下,用高额的收益发行债券来吸引资金,既可迅速筹资,加快调整步伐,又能分散筹资渠道,转嫁投资风险。

"垃圾债券"的用途从最初的拓展业务,逐步转移到用于公司的兼并与收购上来。按照传统的观点,兼并收购往往是强者对弱者,资力雄厚的大企业吞食弱小企业。但是"垃圾债券"的出现,却为逆向兼并收购提供了最为有效的途径与手段。许多具有发展眼光的企业家纷纷利用"垃圾债券"赐予的良机,以自己小额的自有资金,甚至不

超过1%，从事超大规模的并购。这种利用发行"垃圾债券"来筹集资金对被收购公司的股权进行收购的行为，就是典型的"杠杆收购"或叫"资产重组"。

在此期间，"垃圾债券大王"应运而生。迈克尔·米尔肯曾被《华尔街日报》称为"最伟大的金融思想家"，一度与J. P. 摩根齐名。米尔肯10岁时就帮助会计兼律师的父亲整理支票，接触纳税申报。从宾夕法尼亚大学的沃顿商学院毕业后，凭着对"垃圾债券"的兴趣和了解，以200万美元资本入手，最终在垃圾债券市场上获利13亿美元。

米尔肯对债券发行者进行了大量研究，寻找潜在的高赢利债券。他四处宣传他的投资理念，说服投资者投资他所看中的高收益证券。而结果也往往如他所预料，投资人最初获利丰厚。渐渐地，米尔肯的客户开始增加。到1977年，他的业务已占到"垃圾债券"市场份额的1/4。

20世纪70年代末，由于米尔肯的引领，高回报的"垃圾债券"已经成为非常抢手的投资产品。米尔肯也开始从买卖已发行的债券，发展到为中小企业承销和包销"垃圾债券"。许多新兴公司和高风险公司都是他的客户，米尔肯的做法与现在的风险投资家们相似，不过现在的风投是在上市之前介入。后来有人说，美国20世纪80年代以来高新技术的发展，正是得益于米尔肯解决了高风险技术公司在资本市场的融资问题。一些大型电信公司之所以有今天，与米尔肯创造的金融新产品息息相关。

但是物极必反，到了80年代后期，由于"垃圾债券"的过度投机和炒作，不少发行"垃圾债券"的公司开始出现资金周转困难，无力支付到期的高额利息和赎回债券。违约与拖欠经常发生，过去对发行"垃圾债券"的公司提供担保的商业银行也纷纷撤回担保，造成投者一片恐慌，使"垃圾债券"的信誉降至最低点，"垃圾债券"市场崩盘。

1989年3月，米尔肯因涉嫌98条经济罪被起诉。1990年4月，米尔肯服罪，同意检察官提出的6项重罪指控，最终被判10年监禁，赔偿和罚款11亿美元，并被永远逐出华尔街，不得再从事证券业。米尔肯的被罚金额，创下当时美国政府对个人被告课罚金额的最高历史纪录。

提前出狱后，米尔肯以教育服务为目标创建了知识天地公司，致力于全球的人力资源培训与网络教育。他将自己的大量时间投入到了慈善活动中。

负债的人生

几乎所有公司都说"人是最有价值的资产"（people are most valuable asset）。惠普的创始人帕卡德甚至提出一个定律，如果一个公司收入的增长速度不及员工人数的增长速度，这个公司将没有能力可持续地发展下去。

> 那么，人力资源到底是资产还是负债？

对于员工，中国人以前的习惯叫法是"人手"（handcount），对于人手的期望是要足够，数量的多少很重要，工作量一多最直接的反映就是要增加人手。美国人喜欢叫"人头"（headcount），对于人头的期望不是数量而是质量，人头要精要好，好的人头可以以一当十。

由于人力资源的产出太不确定，早上起来，连你自己也不知道今天的贡献会是多少，除了能力因素以外，有时还得看当天的心情。按照财务保守原则的审慎要求，在可能获得的利益和可能发生的损失之

间，宁可承认可能的损失而不相信可能的利益。另外，资产的前提是拥有或控制。但是在企业里，实际上企业并不真正拥有员工，控制也有限。因此，在财务意义上仍然把人力资源归属为负债而不是资产，更通俗地说就是人力成本。财务相当冷血地抹杀了你我的创造性即价值。

当然，也有一些公司例外。像明星俱乐部，明星是俱乐部的资产，比如曼联队的超级球员们，以及签约的歌手演员之类。至于那些跟在大明星屁股后面的助理们包括经纪人仍然还是负债。

还有一种就是网络公司。网络公司很奇特，创建后相当长一段时间内它没有利润，没有现金，资产几乎可以忽略不计。但是，一个年轻的充满激情的CEO往往能够吸引到成百上千万美元的风险投资。这些风投们看中的是网络公司里有多少软件工程师，看中的是管理层团队，看中的是人。人在风投们眼里是璞玉，不是负债，是最有潜在价值的无形资产。

第4章

所有者权益

所有者权益在商业开始的时候就叫作资本。资本像幽灵一样在世界上四处徘徊，寻找任何可以增值的机会。

资本和创业

在商业的世界里到处都是钱，但是，钱跟钱不一样，有很多不同的名字。名字不同，性质也就不同；性质不同，含金量就会不同。创业者手里的钱，就是资本，或者叫所有者权益。资本的含金量最高，同时风险也最大。

资本可以是创业者手里的钱，也可以不是。创业者手里的钱不够时，就会产生融资的需要。融资有两种办法：可以借，也可以讨。

要借钱，得要讲信用。没有信用，有抵押也行，否则借不来。不是说地主家也没有余粮吗，银行家不做无保障的贷款。

创业者一般都是既无信用（信用需要时间的考验），也无抵押（抵押需要投资），这就陷入了先有鸡还是先有蛋的困境中。怎么办？

别着急，天无绝人之路，有一种人等在那儿，手里拿着大把的钱。是放高利贷者吗？

很多充满道德理念的传统宗教至今都不肯赦免放高利贷的人的罪恶。因为，在多数人的印象里这种人不劳而获，并且贪得无厌。不过，这时候，这种人和他们手里的钱，却有一个很好听的名字，叫"天使资金"。

天使资金扑扇着透明的翅膀来到创业者身边。天使资金不是真有一颗天使的心灵。天使资金在创业者还没有赢利，还在亏损的时候参与进来，目的只有一个，要求尽可能多的份额。

我在读书的时候，与一个朋友一起创业，那时，就遇到过一位年迈的天使。据说，年轻时他曾经垄断过马来西亚的橡胶业。到现在，业务全部留给了几个儿子。他信了佛，自己建了个庙堂，供佛。佛很小，但两旁的黑白无常很巨大。

我们谈了很多，现在已经不太记得细节了。事情没有谈成，天使飞走了。但是，天使扔下了一句话："财分天下。"我觉得这是天使投资的真谛。

财分天下如何分？天使投资要分的份额最大。天使资金不用看财务报表，因为那时恐怕还没有财务报表，也雇不起做报表的财务人员。

创业者继续努力，商业活动越来越忙，简单的财务报表终于可以做出来了。拿财务报表给银行家看，银行家不满意资产负债表，认为资不抵债，背后意思是说没有可供抵押的。不肯借钱，只能还是讨。

这时，路上还有另一拨儿人在等着，是风投们。这些风险投资家（简称风投）手里有很多很多被代理人的钱。这些太多的钱就像粪肥一样，堆在一起会臭得熏人。只有像农夫那样，把它们散播出去，才会有好的收成。

第4章

所有者权益

风险投资可以不看财务报表，老实说，也没有什么好看的，连做假账都没有足够的空间。财务状况像一条山间的小溪一样，浅薄得清澈见底。

风投们要看商业计划，要听故事，或叫商业模式。

商业计划书有通用的格式，一般要五六十页，前面两三页叫作概要。100份计划书里，95份风投们没有能够看完概要，就直接扔进废纸篓里了。原因很多，其中一个很可能是文笔太糟糕。难怪有一个美国教授曾说，只有两种专业教育背景的人才适合读MBA，一是学过社会学，二是学过文学。要创业，不仅人缘要好，而且文笔也要好，要会写故事。

剩下的5份商业计划书被勉强读完了。接下来才正式开始初选，然后是审慎调研，最终进入谈判阶段的只剩下半个创业者了。

天使投资、风险投资都属于股权投资，是要与你分享所有权的。银行家不同，是债务投资，从不跟你提财分天下的事，银行家没那份贪心，只提欠债还钱。可惜，很多企业最后正是被债务逼垮的。

企业继续发展，创业者成了企业家。企业家的想法开始多起来了，自己公司的财务报表看腻了，就开始觊觎别人的，于是，开始收购兼并。直到有一天，发现银行的钱也不够用了，像轮回一样，开始IPO（公开募股），上市发行股票，进行更大规模的股权融资，此处，就要讲个更大的故事了。

亚马逊公司的故事

以上的创业模式在现实中不胜枚举。比如，神话般崛起的亚马逊公司。

1994年7月，杰夫·贝佐斯（Jeff Bezos）辞去华尔街基金公司副总裁的职务，在西雅图一个郊区的车库里创建了亚马逊公司，他个人投资1万美元，向亲戚朋友借了4.4万美元。这时，车库里只有4台电脑，如果要算股价的话，是0.1美分。

1995年2月，杰夫的父母向亚马逊投入一大笔资金，245 500美元，这时的股价涨了，变成0.17美元。

1995年8月，天空中飞来两个带翅膀的投资人，投资了54 408美元，相当于股价0.23美元一股。

1995年12月，天空中呼啦啦飞来20个带翅膀的投资人，组成天使投资集团，就是辛迪加，投资了937 000美元。股价为0.33美元。

1996年5月，杰夫的兄弟姊妹也参与进来，投入了2万美元。股价保持为0.33美元。

1996年6月，两家风险投资公司一起投下800万美元。股价涨到2.34美元。

1997年5月，亚马逊公司上市，股票发行价为18美元。发行300万股，融资4 900万美元。杰夫·贝佐斯的故事编写得太好了，这时公司还没有赢利。

1997年12月，亚马逊公司的股票市场价为1 327美元，不得不分拆两次，否则单价太高了，小股民买不起。同时发行3.26亿美元公司债券，还清7 500万美元的银行借款。

互联网的无限空间给了投资者同样尺寸空间的想象。实际上，亚马逊也真做到了。除了畅销书外，亚马逊还卖那些过去根本卖不动的书（比如您正在读的这本财务书之类），甚至比卖那些过去可以卖得动的书多得多。

到2002年年底全球已有220个国家的4 000万网民在亚马逊购买了商品，亚马逊为消费者提供的商品总数已达到40多万种。2002年前3个季度还没有赢利，净亏损额为1.52亿美元，2002年第4季度的销售额为14.3亿美元，实现净利润300万美元。从此以后，赢利不再是杰夫担心的问题了。

2004年8月20日，亚马逊宣布在中国以7 500万美元收购卓越网，使其成为亚马逊全球第7个站点。至此，所有的资本投资人都获得了超额的回报，天使们带着沉甸甸的钱袋心满意足地飞走，去寻觅下一个亚马逊。

第5章

收入的实现

大半假账都与收入实现有关。收入实现在形式上要符合一些基本原则,实质上要具备真正的商业意义。一句话,实质重于形式。

古时候,有一个楚国人不小心丢了东西,接连好几天心情都很郁闷。朋友知道了,便劝慰他道:"算了算了,楚国人丢了东西,也是楚国人拾得,想开吧,没什么损失的。"即所谓"楚人失,楚人得"。这事很快被一位年轻时曾做过财务的圣人知道了,他就是孔子。他说,最好把楚国两字去掉,即"人失,人得"。这是典型的资产负债平衡关系。似乎这还不是尽头,楚国人丢东西的事最终传到了一个伟大的哲学家耳朵里,他就是老子。老子很快把这事升华到哲学的高度,把"人"也去掉了,即所谓"失即是得"。

商业活动本是滚滚红尘中最物质化的部分,能够升华到孔子的境界足够了。实际上,孔子所说的"人失,人得"与财务里的一条基本原则暗合。这条原则是我在几家跨国公司做财务管理时,与各种官僚体系以及各类不合理的财务政策抗争的最有效的工具。原则很简单,即透过表象看实质，或者说实质重于形式。这一原则的最典型的应用就在于收入的实现上。

收入不等于现金

> 现金可以是收入，也可以不是收入；
> 收入可以是现金，也可以不是现金。

看看下面这段苏格拉底式的关于收入概念的对话：

问："什么是收入？"

这问题太简单了，答案张口就来："收入不就是指已经收进来的钱嘛！"

再问："所有收进来的钱都是收入吗？"

答："当然是。"

问："借来的钱呢？"

答："借来的钱不是，借来的钱是要还的。"

问："对，借款是负债。如果销售合同刚签完，客户预先支付的定金，或者说您的预收款呢？"

答："当然算收入。现金都收进来了呀。"

问："但那不是你的钱呀。预收款的性质也是负债，因为产品或者服务还没有提供给客户。"

答："那它就不算收入。"

问："只能称为未实现的收入。公司为了使客户有100%的满意度，允许客户有退货的权利，这时收进来的钱能算收入吗？"

答:"如果可以退货,那就不应该算收入。"

问:"可见,不是所有收进来的钱都是收入。另外,没收进来的钱能算收入吗?"

答:"没收进来的钱当然不能算收入。"

问:"对客户的应收账款呢?按照合同,产品或服务提供给了客户,如果客户不付款,你可以上法院起诉。"

答:"追讨应收账款是公司的权利,应该是收入。"

问:"这么说,这些没收进来的钱也能算收入。"

答:"是的。"

问:"如果对方的信用很不确定,应收账款收不回来,或者即便官司打赢了,客户根本没有能力付款,这时候的应收账款能记录成收入吗?"

答:"……好像不能。"

问:"那么,到底什么是收入?"

答:"……!那么,您说,什么是收入?"

这种对话经常发生在财务人员与非财务人员之间。收入似乎是一个人人都熟悉的概念,但似乎又有很多理还乱的困惑。

在财务意义上,收入的严格定义是指企业因为提供产品和服务而实现的所有者权益的增加。所有者权益是除去负债的净资产,而现金只是资产的一部分。因此,现金可以是收入,也可以不是收入,收入可以是现金,也可以不是现金。

尽管两者之间存在着紧密的联系,但是,在本质上,现金和收入是两个不同的概念。它们背后代表的是两种记账原则的区别。

一种是古老的现金收付制,记录收入、费用都以现金的进出为标准，现在这种方法仍在一些小企业和家庭里使用，黑社会的记账方式据说也是坚持现金为主。

另一种原则是权责发生制，根据商业活动发生时权利责任的转换来记录收入和费用，不管现金是否收到或付出。因为权责发生制更看重交易的实质，能提供更完整真实的商业信息，因此它已经成为现代财务体系的基本原则。

法律有程序法与实体法的区别，前者看重流程形式，后者看重的是实质上的一致。财务的权责发生制遵循的就是类似实体法的"实质重于形式"的原则。"实质重于形式"强调的是本质上权责交易的性质归属，而不是表象上的形似。

> 根据权责发生制，企业收入的实现需要满足以下5个基本条件：
> 1.要有合同，即法律意义上的协议；
> 2.协议里要有明确的金额；
> 3.产品提供或服务完成，卖方的责任履行完毕；
> 4.确信欠款能收回；
> 5.产品或服务的成本能明确记录。

这5个基本条件听上去都很简单，但执行起来却有很多灰色地带，很多时候需要人为判断。

要有协议似乎是很容易的一件事，但是如果协议的另一方是关联企业，就会产生类似乾坤大挪移的自身循环销售问题。有时候销售人员为了签单，在白纸黑字之外，又会一时兴起在口头上信誓旦旦地承诺一些连自己都不相信的条件，在正式合同之外出现了需要履行某些承诺过的口头合同。有的客户信以为真，以为大象真的能跳舞，其后果是直接影响收入实现的质量。

要有合同金额，似乎这也很简单。但有时合同中的小体字，会补充说明这一金额是在一定条件下同意的，比如是到岸价（CIF）还是离岸价（FOB），这时的收入就必须在这些条件满足的情况下实现。还有一种是通过寄售的方式销售，条件是货卖完再清款，这时的清款金额决定收入实现的金额。

卖方的责任要完成，实际操作起来也大有玄机。有些需要安装调试的产品，如果只是把货物转移到经销商的仓库，这就没有完成最终的销售循环。有时，货物还在自己仓库里，通过一纸协议，买方甚至可以委托卖方代管，甚至代买保险，这时的销售过程实质上并没有完成，不能成为收入。

买方要有付款能力，就更不好判断了。怎样判断客户的信用？按照信用的衡量标准，客户的品质占第一位，但是如何恰当地评价一个客户的品质呢？许多客户常会因人而异有选择地维护自己的信用形象。在具体的业务过程中，比如有些客户的资金来源不确定，一笔销售是否能够完成可能取决于客户能否从第三方获得资金，或者客户能否把产品转售给第三方，这些情况下收入都不应该在销售时确认，因为购买者的支付能力值得怀疑。

成本要确定。对于产品销售，相对容易些；对于服务型的公司，比如咨询公司，通常利用服务时间来测算服务成本，但是，哪些是有效的可收费的服务时间往往是合同执行时发生争议的地方。

收入实现的时间是当收入的这5个基本条件都同时满足时，实现多少取决于满足这5个条件的金额。行业不同，收入计算的方法也不一样。

在软件公司工作时，我的一项重要工作就是确认收入。软件公司的产品包括软件、安装、升级维护、培训以及咨询服务等。一般情况下，软件收入必须在安装后才能实现，维护随着时间的推移逐月实现，而培训和咨询则在完成或者标志性阶段（即Milestone）完成验收后才可以实现。软件业按照特有的价值分配计算方式（VSOE）记录收入，单是关于VSOE的原则和解释就有厚厚一本书了。

对于允许客户退货的企业，一般情况下，如果对在退货期限内客户的退货数量没有确定把握时，销售的确认就必须等到退货期满。

> 我在北京工作的时候，曾经住在SOHO现代城。现代城在建筑过程中由于无意中使用了一些不太好的建筑涂料，走廊里能闻到一些不太好的气味。当时很多业主与开发商打官司要求赔偿。现代城的SOHO概念在北京非常成功，开发商发现市场的需求出奇得好，于是推出零条件的退房政策，甚至还补贴，结果很少有人真正退货。这样的可退货的销售可以记为收入。现在的一些大型超市也有类似购买后7天内可无条件退货的政策，这时候就必须根据退货的平均比率比如说2%（100个人里有两个要求退货）来预提退货准备金，这时记录的销售收入额就是减去2%准备金的售货款。

我在美国时曾在一家石油设备公司工作，有时我们会为客户购买一些第三方生产的设备，像一套连续油管，加上几套防喷器，动辄就要100多万美元，而我们实际的收入只是在此之上的10%的加价收入，只有大约10万美元，这笔收入才对我们有意义。

我曾与中国移动公司的同行探讨过收入确认原则。在中国移动公司里，收入确认这样规定：使用费在服务提供后确认；月费在服务提供后确认；连接费在款收到时确认；分期付款的销售按直线分摊法在使用期内逐月实现；SIM卡和终端机在货物发送给客户后确认收入。

收入何时实现，实现多少，只是财务的技术问题，收入的根本问题是收入的质量。《圣经》上说，应该属于你的总归是属于你的，不该属于你的总归不属于你。有些交易还没有成熟，过早地记录那些尚未成熟的销售不仅带来应收账款的人为增多，而且日后被迫取消的风险也很大。事后修改收入是财务上的最大忌讳，因为它传递着一种失信的信息。

收入确认原则可以用一句俚语来归纳就是：在小鸡还没有孵化出来之前，先不要忙着数以后可以收获多少鸡蛋。

创意会计中的真假收入

希区柯克的悬念电影使用了大量的蒙太奇手法，产生了奇特的意想不到的效果。一把高举的刀跟一张受到惊吓的女人的脸原本是两个完全独立的镜头，但是连在一起就是一个谋杀的经典场面。蒙太奇是电影里的一种剪辑技巧，把两个本不相干的场景拼凑在一起，利用观众潜意识的联想和想象，产生强烈的相关联的结论。创意会计多半用的也是这种作假的方法。

在1990年以来被中国证监会公开查处的上市公司造假案中，有一多半的财务造假方式与收入实现有关，例子多到不胜枚举。有的是过早地记录收入或记录有问题的收入，有的甚至直接伪造收入。还有混淆主营收入和一次性收入，将一次性所得，比如出门在路上捡了一大笔钱，记作日常经营收入，这样就会给人一种错觉，以为这种守株待兔的好事天天会有。

许多公司的崩溃，起因不是因为收入变少、亏损，而是因为利用各种手段在财务报表上"赚取"了额外的收入。

"压货"是渠道销售中制造收入的常用办法。生产厂商与代理商勾结在一起，或者说商业合作，在年底需要收入的时候，把超过正常需要的库存从厂商转到代理商。到第二年年初，代理商寻找各种借口，比如质量问题、服务问题等再要求退货。反正是赊账，不用付钱的，厂商也会半推半就地接收退货。还有一种是更直接的空穴来风、像购买死魂灵一样伪造销售合同，买方有名有姓有住址，但就是压根儿不存在，账上永远挂着应收款。

有的软件公司就曾经在年底的时候向代理商运送空的包装盒，里面并没有磁盘或者随便放一些其他磁盘。代理商仍然签订签收报告，使软件公司完成收入任务。几个月后，软件公司通知代理商，声称由于物流配送的工作失误，发错了货，现在将正确的磁盘重新发送。

朗讯公司曾大量借钱给客户，使客户有能力向公司采购，用这种办法来提高销售额。一些企业通过混淆会计期间，把下期销售收入提前计入当期。涂改销售合同日期是最常见的办法。特别是在年底时，时间仿佛永远停滞，元旦都过去好几个星期了，销售合同的签署日期仍然是12月31日。

还有互借收入。网络公司为了成功上市或更大限度地融资，自然希望能把收入"做"得越大越好。网络公司之间通过互相交换网上广告，可以帮助双方提高收入。当然为了做得高明，甚至是多个网站之间进行比较复杂的交易，让会计师事务所的专家也看不出来。

有的地方商业银行能够让100万元的贷款业务变成200万元甚至300万元。首先银行发放给贷款企业的不是现金而是银行承兑汇票，并以此作为质押，再贷出100万元的现金，同时，要求企业的往来资金必须存在商业银行里，以增加银行的储蓄。

在收入上做手脚是创意会计的常见现象。不过，辨别这类创意手法也不难，工具就是利用实质重于形式的原则，因为企业的各项财务数字之间存在着一定的钩稽关系，如果这种惯常的钩稽均衡关系被打破，比如企业销售收入的大幅增长没有引起现金和销售费用的上升，或者总是伴随着应收账款的巨额增加，则可能预示着财务造假的存在，或者公司收入质量存在问题。

第6章 话说成本

有什么样的目的，就有什么样的成本。做正确的事是战略成本，把正确的事做正确是执行成本。成本最小化从来不是企业存在的目的，也不是成本管理的宗旨。

形形色色的成本

科学家发现，人类的创造性来源于大脑右半边的快速活动，右脑负责形象思维和感性活动，艺术家们就是靠右脑工作的。无怪乎我们会发现，很多创造力强的人大多都有艺术气质。很多优秀的企业家不仅能锦上添花，更能够使枯木生花，把看似不可能的事变成可能，使原本不存在的东西存在，改天换地可以在翻手为云覆手为雨之间完成。财务人员的左脑发达，总是想到实际困难，经常在别人激动得心潮澎湃时泼冷水，让人扫兴。不过，很多创造无法实现，其中最大的原因，就是不小心忘记了考虑困难，即成本。

成本，通俗地讲，就是通常所说的"本钱"，是为了达到某一个特定目标而发生的资源耗费。美国人常常把三件事列为一个人一生中成本最高的投资活动：教育、房子和车子。在中国，可能还要加上关系。

成本在这里是广义的说法，在财务报表中销售、管理以及研发等成本又叫作费用，这时的成本就特指产品的生产成本。广义的成本吃掉了企业收入的80%～90%甚至更高，企业管理的关键也就是成本管理。所以，成本会计也叫管理会计。管理会计与财务会计的最大区别是：后者主要对外（如投资者）服务，前者主要对内（如管理层和员工）服务。

成本的分类很多，为了不同的目的可以有不同的成本。成本可以是有形的，也可以是无形的，比如不畅通的沟通。

现代企业组织结构的最大弊病是组织结构之间无处不在的空白区域，就像国画中预留的飞白一样，部门之间的沟通变得异常困难（见图6-1）。要做成一件事，需要几个部门的共同合作，就需要跨越这些部门之间的空白区域。在空白区域内的沟通成本巨大，这些成本不仅包括时间、金钱，甚至还有感情在内。

维珍航空公司和维珍集团的创始人理查德·布兰森（Richard Branson）说："一旦人们开始不认识同一办公大楼里的同事的时候，企业开始变得不人性，这时就需要重组，我理想中的一个企业的规模应该限制在50～60人之间。"当然，维珍集团的员工远超过60人，但理查德·布兰森将其分解成若干个小的利润中心，给予充分的授权，以提高组织的效率。

另外，等待也是一种成本。等待工作的上一个流程、等待老板签字、等待开会、等待改变人生的机遇、等待"戈多"㊀，都是成本。

㊀ 戈多是荒诞剧《等待戈多》中的角色，戈多代表着美好与希望。《等待多戈》是贝克特于1948年创作的代表作。

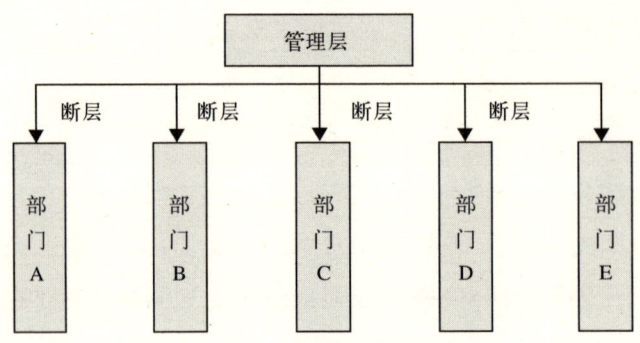

图6-1 组织结构图

说到成本管理，最直接的反应似乎就是成本自然是越少越好。美国前财政部长罗伯特·爱德华·鲁宾是个金融界的天才，他曾做过高盛公司的合伙人，也曾担任美国芭蕾舞剧院董事。当美国芭蕾舞剧院的财务状况遇到困难时，鲁宾竟向董事会建议把《天鹅湖》中饰演天鹅的人数减少10%，认为这有助于节约剧院的经营成本。当然，鲁宾的提议毫无疑义地被董事会一致否决了。即便从非财务的角度来看，这种削减成本的办法也是很菜的。

泰勒的科学管理理论是建立在劳动力的有效利用和控制基础上的，传统的成本管理考虑的也就是如何使成本最小化。但是，实际上，成本支出只是实现企业目标的手段。成本最小从来就不是目的。没有任何一家公司是以减少成本作为企业存在的最终目的的。像每天需要呼吸一样，成本管理是每天都要做的事。好的成本管理是要提供合适的成本信息，创造一个有利于控制和削减成本的环境。

不要卖给我任何东西

战略是指做对的事情，战略成本是制定正确战略的代价。

> 有个人到朋友家里做客,看见主人家灶台上的烟囱是直的,而且旁边又堆有很多木材,他便告诉主人说,烟囱一定要改弯曲,木材必须移去,否则将来可能会有火灾。主人听了没有做任何表示。不久后主人家里果然失火,四周的邻居赶紧跑来救火,最后火被扑灭了,于是主人烹羊宰牛,宴请四邻,以酬谢他们救火的功劳,但是并没有请当初建议他将木材移走、烟囱改弯曲的那个人。有人对主人说:"如果当初听了那位先生的话,今天就不用准备筵席,而且也没有火灾的损失,现在论功行赏,原先给你建议的人没有被感恩,而救火的人却是座上客,真是很奇怪的事呢!"主人顿时醒悟,赶紧去邀请当初给予建议的那个人来吃酒。

这就是曲突徙薪㊀的故事。可惜,我们很多人眼里只看得见救火的人。

制定正确的战略,做对的事情,需要远见,还要有明察秋毫的洞察力。这话说起来简单,可是怎样才能制定正确的战略呢?

我觉得有一种办法也许可行。就是先找准谁是你的真正客户,然后深刻地想透(think through)你的客户的真正需求,这样你自然就知道哪些事是对的,哪些事不对,哪些该做,哪些不该做了。

满足客户的需求是企业存在的目的。企业获利的根本方法不是通过产品,而是通过产品能满足客户的需求,这是战略成功的关键。

成功的牛排馆说:"我们卖的不是牛排,我们卖的是烤炙牛排

㊀ 原文为:客有过主人者,见其灶直突,傍有积薪。客谓主人:"更为曲突,远徙其薪;不者,且有火患。"主人嘿然不应。俄而,家果失火,邻里共救之,幸而得息。于是杀牛置酒,谢其邻人,灼烂者在于上行,余各以功次坐,而不录言曲突者。人谓主人曰:"乡使听客之言,不弗牛酒,弱亡火患。今论功而请宾,曲突徙薪亡恩泽,焦头烂额为上客耶?"主人乃寤而请之。

的嗞嗞声。"油漆商说："我们卖色彩不卖油漆。"施乐说："我们卖的不是复印机，是文件解决方案。"沃尔沃将自己定义为："世界领先的商业运输解决方案提供商，而不是车辆的供应商。"宜家说："我们卖的不是家具，我们卖的是家的温馨。"星期五餐厅也说："我们卖的不是美式食物，而是那种TGIF（Thank God, It Is Friday——感谢上帝，今天终于是星期五了）的感觉。"弗雷曼·喜力说："我不是销售啤酒，我销售热情和欢乐。"他甚至提议用方瓶装喜力啤酒，这样，啤酒喝完后，可以用瓶子在贫穷的国家盖房子。化妆品公司向来以高额利润著称。化妆品公司说："我们在车间生产的是化妆品，但是在店铺里我们卖的是希望。"希望的代价向来高昂。中国曾经风靡一时的矿泉水壶的制造商们后悔地说："我们当初只想到卖矿泉水壶，没想到应该卖矿泉水才对。"

不要卖给我任何东西

不要卖给我任何东西。

不要卖给我衣服，卖给我魅力的外观。

不要卖给我鞋子，卖给我足下的舒适和行走的愉悦。

不要卖给我房子，卖给我安全、舒适、整洁和快乐。

不要卖给我书，卖给我几小时的愉悦和知识的获益。

不要卖给我音乐CD，卖给我忘我的境界和天籁之声。

不要卖给我工具，卖给我动手制作美丽物件的快乐和成就。

不要卖给我家具，卖给我居所的温馨和安宁。

不要卖给我任何东西，卖给我情绪、氛围、感觉和获益。

所以，求求你，请不要卖给我任何东西。

客户从来不买产品，客户购买的是自己需要的满足，客户购买的是产品背后的价值。苹果公司开创了个人电脑的巨大市场。但是，IBM后来居上，数十年来成为市场的领导者。IBM曾经花了18个月的时间研究个人电脑消费者的需求，跟苹果公司相比，IBM只是为消费者多提供了一样东西，就是软件。麦当劳从不卖三明治，但是它的赢利模式却是三明治式的。麦当劳从房地产商那儿廉价租或买商铺，然后转租给加盟店主。由于品牌优势，麦当劳入驻的加盟店会迅速提升所在街区的房产价值。麦当劳的年报中很大一块收入来自房地产，而不是汉堡包。

孙子兵法说，"不战而屈人之兵"是战略的胜利，战争本身则是战略的失败，经营的最高境界是赢在战略上，而不是一城一池的战术上。在生活中也是这样。所谓"赚钱不辛苦，辛苦不赚钱"，或者说"买药的钱舍不得，买棺材的钱倒是大把的有"就是这个道理。在美国，有一种类似的说法是："人人都知道最好的律师是昂贵的，但是实际上次等的律师更昂贵。"因为雇用次等的律师虽然收费不高，但是败诉的概率即总成本高了许多。

罗斯·佩罗的EDS

战略是一种实践智慧，战略成本与商业实践密不可分。

我早在美国读书的时候，罗斯·佩罗（Ross Perot）的名字就已经如雷贯耳了。1962年，佩罗从妻子那儿借了1 000美元开始创建"电子数据系统"公司即EDS，后来被通用汽车公司收购，成为通用的专业IT部门。但是佩罗与董事会不合，他无法容忍通用庞大的官僚体系，于是离开通用汽车，EDS独立上市，其主营业务是IT外包服务。EDS

很快便与一些大的集团公司以及美国国防部和医疗保健等政府机构签订了长期的IT外包服务合同。EDS高速成长，很快进入世界500强公司，后来收购了做咨询的科尔尼公司和PLM（产品生命周期管理）软件公司。

　　罗斯·佩罗个子矮小，但是生命力极其张扬。他曾两度以无党派人士身份参加美国总统的竞选，他在媒体上的身份就是来自西部德州的亿万富翁。佩罗是政坛上的牛虻，他强烈抨击政界的腐败。曾有记者问他如何平衡美国的财政赤字，佩罗说："平衡赤字很简单，我只需要开一张我的个人支票就可以了。"佩罗最终没有当选，但是因为他使得10%的选票分流，使得当年克林顿获胜。

　　佩罗对无所作为的官僚体系深恶痛绝。1979年，伊朗发生人质事件，其中有两名EDS的员工被扣做人质。美国外交部多次与伊朗官方交涉，但是都毫无结果。佩罗无法容忍美国政府机构的拖沓和无作为，自己从民间招募了一群美国陆战队退伍老兵，租用了一架过时的军用运输机，直接飞抵伊朗德黑兰，组织越狱行动，成功地将两名EDS员工从监狱中营救出来。这一"兰博式"⊖的创举使佩罗一下子成为英雄。《塘鹅敢死队》的电影就是直接取材于这一事件，当然，跟许多史诗的演义一样，主角最后成了退伍老兵，这样观众更有共鸣。

　　我在EDS工作的时候，虽未亲睹佩罗，但是听过他不少的传闻。有时看到那些人高马大的美国高层管理人员谈起佩罗时战战兢兢的样子，无怪乎美国《时代》周刊曾把个头矮小的佩罗列为改变人类历史的十大企业家之一（佩罗排名第九。第八位是麦当劳的雷·克罗克，第十位是苹果公司的乔布斯。）。

　　EDS的商业定位获得很大成功，特别是对于欧美国家的大公司，

　　⊖ 兰博，影片《第一滴血》系列男主角，由史泰龙出演。

建立和维护一个IT部门非常昂贵,将IT外包,集中资源和精力经营自己的主营业务,无疑是个聪明的战略选择,这就使得EDS在市场上快速成长。但是这种商业模式在中国却遇到了很大的挑战。

我在EDS软件公司工作的时候,按照EDS总部的战略要求,我们将自己定位为"产品生命周期管理解决方案的提供商"。与此战略相对应,我们不仅提供软件使用的培训、维护,还要提供软件背后的管理服务等,因为我们相信,客户买软件的目的不是软件本身,而是产品的生命周期管理。

然而,在很多发展中国家,这一战略定位遇到来自消费者市场的巨大挑战。比如在中国,我们的服务工程师按天收费,每天最低报价在650美元以上,而客户多半是国内的制造工厂,厂长、总经理一个月的薪水也没有这么高。中国的软件客户目前需要且愿意负担的是技术,而不是服务。对于EDS中国来说,销售服务的收入很不理想,利润也远不如软件。最终,在2004年,公司将自己重新定位回软件公司,将所有的资源投资在软件的开发和销售上,服务逐渐通过外包由客户选择购买。

"我们没有流血,却都已牺牲"

2001年,西门子认为"移动电话市场已经迎来设计革命。游戏规则已经改变。"款式和设计决定产品的价值,相对而言,技术和功能已经基本成型,不再是吸引消费者的主要因素。于是西门子设计了Xelibri手机,并认定Xelibri将会瓦解现有的手机市场,使移动电话进入时尚佩饰时代。Xelibri的定位就是一种佩饰,只不过它碰巧能通话而已。

由美国人提供战略咨询，英国人设计，在中国生产，意大利的广告公司负责广告制作和展台设计，德国人提供技术支持和财务控制，团队由一个美国人领导。Xelibri计划每年推出季产品——春夏季和秋冬季，每季产品有一个主题，包括四种款式，消费者可以根据自己的心情更换手机。每款手机的市场生命周期为12个月。

Xelibri的营销渠道与西门子的其他手机完全不同，只出现在时尚专卖店，如上海的正大广场、新天地和淮海路等时尚街区，努力在娱乐圈建立知名度。

2003年年初，Xelibri的首季发行地为德国、英国、法国、意大利、西班牙、新加坡、中国。在中国市场上推出的四款手机的价格分别为2 100元、2 080元、3 780元和2 680元，都是黑白屏。Xelibri被译为"好明天啊"。但是明天并非想象的那般美好。

2003年的市场推广费为5 000万元，销售目标70万台。但是，实际销量每月单款从未超过3 000台。消费者并不接受黑白屏的配饰手机，就好像当彩色电视进入人们生活后，没有人再愿意看黑白电视了一样。2003年10月，Xelibri开始大幅降价，四款手机的价格分别降为900元、1 000元、1 500元和1 100元。早先娱乐圈的机主们突然有种被娱乐了一把的感觉。

2004年，明天不再美好，Xelibri由于战略定位失败，淡出市场。今天，再也难以觅到"好明天啊"的踪迹。

"一茶一坐"的故事

IDG是风投公司，主要投资于IT领域，包括搜狐、百度、携程等。风投公司追求高回报率，对于传统行业IDG向来不感兴趣。

但是在2005年10月，IDG投资了一家中餐馆，就是"一茶一坐"。"IDG看中你们什么？"我的朋友刚从麦当劳的管理层跳槽到"一茶一坐"。

"看中我们像经营麦当劳一样经营'一茶一坐'。你知道，中餐馆的最大挑战是中餐的烹饪，这很大程度上依赖于厨师的个人技艺，厨师换了，饭菜的味道一定变。厨师今天心情不好，做出来的菜味道也受影响。'一茶一坐'要想规模经营，以后上百家店该怎么办呢？

培养更多更好更忠诚的厨师吗？这已经被证明不是个长期的好办法。最好的解决方案是不要厨师，或者最多只要一名厨师，这样才有可能标准化、规模化。"

"一茶一坐"采用麦当劳式的中央厨房模式，在上海郊区建立了自己的中央厨房生产基地，可以为24小时车程内的餐厅配送几乎全部品种菜式的半成品，通过急速冷冻以保证其新鲜度。在餐厅内，操作工只需按照操作规范将半成品进行简单的加热和组合，即成为热气腾腾的各种煲类。因此餐厅可以抛弃厨房和厨师，代之以操作间和操作工，把复杂、艺术化的中餐烹饪变成了标准化的工业制造过程。

"一般的中餐厅，厨房要占掉店铺总面积的一半，我们不用，厨房面积只有人家的一半左右，这样固定成本就能降低很多。没有厨师，厨房的人工成本也节省了。"

"但是，利润呢？IDG要的是高额利润。"这是我最关心的问题。

"我们借鉴星巴克咖啡厅的经营方法。中餐的毛利润在50%左右，但是饮料、茶在90%以上。我们一定要卖茶才有高额的利润。我们做中餐的目的就是为了卖茶，就像星巴克卖咖啡一样。你看，我们店内的所有颜色，包括桌椅、沙发、餐具，甚至墙壁，都用的是不同的茶的颜色。我们在刻意营造一种中国的茶文化。我们的茶品是特制的，我们的茶具也是专门设计的，外面买不到。况且，只有茶饮是不受用餐时间限制的，可以最大限度提升店铺的利润空间。"

"还有，你想得到的，我们会向海外发展，会把我们的茶餐厅开到日本、韩国、马来西亚、新加坡，当然还有美国。我们将成为第一家在纳斯达克上市的中国餐饮公司。IDG关注的并不是什么行业和高科技，IDG要的只是回报，所以，当然会投资给我们啦。"

"一茶一坐"自2002年在上海新天地开张以来，迅速复制，单在徐家汇的十字路口就连开了三家，在杭州、苏州、慈溪等其他二类城市的复制速度更快。

小老树的故事

小老树长什么样？我也没有见过。

一般来说，种子发芽，从小树苗成长为大树苗，阳光雨露哺育它，最终成为参天大树。但是，有的树长了很久，但是总也长不高，以至于都快老了还是一株小树。这是一个做小企业的朋友给我打的比方。

这家企业专门帮人做展会。展会不是每天都有的，这位朋友的企业常常是饥一顿饱一顿的，做了好多年，可总也长不大。

我去了这位朋友的办公室，在一间商住两用的大楼内。本来朋友要请教我成本控制的问题，后来我发现，他的成本控制得太好了，我无从教起。

我们开始讨论：小树如何能在没老之前先长大？

这是很多创业期的小企业都会遇到的问题。像人一样，小树长大的唯一办法是要有一个快速成长发育的青春期。这段时间内，要的不是循规蹈矩的成本控制，或者公司治理的烦琐制度，而是需要创造性

的思维能力和做事方式，要的是一种创新精神。这种近乎叛逆的创新精神会帮助企业挖掘到真正的客户，和客户的真正需要。

在大企业里，一般是下级员工在负责日常的常规业务，中级管理人员在思考和研究对常规业务的不断改进，只有高层管理人员在花大部分时间思考如何创新，如何开拓新的业务。在大企业里，等级和秩序很重要，没有它们，就没办法生存。而在小企业里，每个人都有机会也应该去思考创新。也许，从控制的角度来说，会有些乱，但是没有混乱，就没办法创新。行为必须有疆界，但是，思想是自由的，应该没有疆界。

于是，我们邀请了所有员工一起讨论。我提起我最喜欢的一个充满商业智慧的故事，就是田忌赛马。身体残疾的孙膑帮助田忌与王爷赛马，田忌的马再好也比不过王爷的马，本来是一点胜算也不可能有的。但是孙膑教田忌创造性地把马分类，用自己的下等马和对方的上等马比赛，用自己的上等马和对方的中等马比赛，用自己的中等马和对方的下等马比赛，这样就可以在三局两胜的竞争中获得最终的胜利。孙膑的智慧是在一片混沌中冷静地寻找或者创造正确的、可以打败的对手。

如果你的对手找对了的话，你肯定赢，而且会赢得很轻松。转移战场，改换对手，抛开展会这种形式，我们突然发现还有很多办法可以帮助客户达到想要的目的。企业小的最大好处是反应灵活，机动性强。这是小树有可能在变老之前长大的有利条件。

视执行成本如胆固醇

毛泽东说过，路线决定以后，起决定作用的是干部因素。战略制定后，接下来的关键是执行问题。执行成本也叫执行费用，包括日常的所有费用支出，如研发费用、销售行政费用、人工费用，以及坏账的预提、固定资产的折旧和摊销。

管理执行成本不仅是财务的任务，更是所有干部的任务。而要管理好执行成本，首先要分出好中差、左中右来，弄清楚哪些是好的执行成本，哪些是不好的执行成本。

这就像人体内的胆固醇一样，标准的胆固醇让你健康、有活力，超标的胆固醇阻塞你的血管，影响你的健康和生存。好的执行成本能使业务更强大，带来更高的投资回报；不好的执行成本不仅损害利润，而且使企业丧失很多好的商业机会。比如企业内部不必要的官僚体制，就像人体内过剩的脂肪，既消耗营养又增加负担。人体增加几公斤不难，但是要减少几公斤却相当不容易。

当然，对于公司的一些自然开销来说，当你在这里削减这种支出的时候，它一定会在其他某个地方扩大激增，如同地毯下有一条蛇，无论你怎么弄都无法使地毯整平，压下这边，那边又会鼓起来。

如何管理好执行成本呢？我的一个"大概齐"的原则是在收入增加的时候，注意费用不要同速增加；而在收入减少的时候，费用至少要同速减少。

成本中心

我小时候学写作文时，我的语文老师姓方，据说是安徽桐城派方家的后裔。方老师在生活上是个很节俭的人，对作文也持同样的要求，最看不惯别人浪费字。他教给我们一种写作方法——剪除法。

> **财务智慧**
>
> **写作的剪除法**
>
> 先把一篇文章的第一段删掉,看看文章的意思有没有受影响,如果没有,就坚决删掉;如果有的话,保留第一段,但是把第一段的第一句删掉试试,如果此时第一段的意思不受影响,就坚决删掉第一句;如果受了影响,就保留第一句。然后再从第一句的第一个词开始,试着删除。依此类推,用这种方法尝试后面的每一个词、每一个句子和每一个段落。这样梳理下来,准保文章的赘肉去了大半。
>
> 这种办法也可以移用到企业的费用管理上。

在企业内部,人们常爱把一些部门称为"利润中心",另一些部门称为"成本中心"。不过,实际上企业内部不能产生任何利润,所有部门都是"成本中心"。只有外部的客户能够带来利润,是真正的"利润中心"。

我曾经负责过人力资源管理。可以利用这种简单的办法判断一个岗位是否一定有存在的必要。如果一个岗位空出来的话,比如员工退休、辞职或者其他什么原因不干了,不要急着填补,等上几个月就可以看出这一岗位的价值到底在哪里,到底需不需要。推而广之,用这种办法也可以判断一个"成本中心"是否有存在的必要。

有时,与其艰难地控制细节成本,反倒不如索性减掉整个"成本中心"。

电子商务和亚马逊

电子商务所带来的冲击让许多人为之疯狂。电子商务第一次把销售和生产分隔开。销售不再受生产的限制,不再关心谁是制造商,销售只与渠道和配送相关。电子商务为消费者提供了可以选择最多的产品和服务的可能。

山姆·沃尔顿苦心经营了12年才使全球零售巨头沃尔玛销售额升至1.5亿美元,而杰夫·贝佐斯只用了三四年时间就把亚马逊网上书店带入亿元销售行业。

> 亚马逊网上书店可以节省哪些成本呢?
>
> 首先,它无须租门面和场地以及雇用大量售货员,可以节省许多的管理成本。其次,亚马逊的市场覆盖范围广,每次订货量大,因此可以从供应商那里获得较大的价格优惠,同时又是根据消费者需求订货无须很大库存进行周转,节省了大量的仓储费用。

亚马逊的销售主要是通过吸引消费者访问网站,然后进行购物,因此销售成本主要是广告推广费用,节省了传统销售中大量的销售人员费用,此"成本中心"被剪除了。收款、送货通过网际合作完成,当亚马逊销售额过亿美元时,全部员工只有9个人。

网上商场的"虚拟"性,使得亚马逊能以惊人的速度发展,同时也能以非常优惠的折扣价格为消费者服务,在亚马逊网站上购买书大多可以节省3~5折的钱,网上经营带来的成本降低给企业和消费者都带来了好处。

1瓶蒸馏水值90元?

要管理好执行成本就要学会分析成本,特别是成本的组成结构。比如,去医院挂吊针,拿到账单一看,1瓶蒸馏水开价90元。你当然

不乐意，认为医院暴利。但是医院坚持自己的利润不过12%，实属低利润。你肯定不信。看看1瓶蒸馏水的成本结构（单位：元）：

直接成本	13
蒸馏水管理员的工资和设备	22
失误的保险及教学和管理费	17
治疗无保险病人的成本	27
利润	11
合计	**90**

成本的最大一块27元（30%）竟来自为了治疗没有购买保险的那一部分病人而要分担的成本。一些国家比如德国因为移民的原因，国家医疗保险入不敷出，根源与此相同。我的土耳其同事抱怨说，在土耳其有近一半的私营业主不交税，使得他们这些纳了税的人要承担的社会保险的负担越来越重，太不公平了。

抽丝剥茧地对成本进行分析,会发现很多意想不到的结果。比如，机械制造业的成本更多来自钢材而不是人工；生产水泥企业的成本更多来自物流而不是原料；奢侈品更多来自渠道而不是质量，等等。

谷子和市场费用

> 西方有一个比喻，说是市场工作就是撒下谷子吸引鸭子过来，而销售不过是端着猎枪去打坐着不动的鸭子。如果鸭子不是乖乖地坐着等着被打，就表示市场工作还没有做好。市场工作是使客户需要你的产品，而销售是与特定的客户成交。

几乎所有人都明白撒下的谷子至少有一半没有吸引到任何鸭子，但是没有人知道是哪一半，因此，只能继续撒更多的谷子。如何有效

第6章
话说成本

地利用有限的资源，达到市场宣传的效果，而不是一味地靠广告狂轰滥炸，是对市场部的挑战。

做市场的第一步是找到目标客户，就是把消费者分类，从中筛选出你需要的客户。然后，研究目标客户的消费习惯，以便对症下药。比如，在美国超市里，啤酒会摆放在婴儿的尿布旁边，因为市场研究人员发现年轻的父亲往往是超市里尿布的采购者。

> 我在哈根达斯公司的时候，管理层曾经为这种昂贵的冰激凌销量不佳伤透脑筋。市场部熟练地使用起促销的法宝，买一送一变相降价。超市内彩旗飘飘，很是热闹了一场。结果真是立竿见影，销量直线上升。但是到月底一算账，利润没有任何改善。促销活动结束后，销量如橡皮筋一样弹性完全恢复，新增的客户只是对价格感兴趣，而这些客户并不是我们定位的目标客户群。后来，市场部采用了另一种办法，在高级写字楼内进行免费品尝，而且给的量很少，品牌的认知度开始明显提高。这种办法也暗合了经济学上的边际效用递减原理，即吃第一口的时候，感觉滋味是最好的。

加入沃尔沃公司以后，我参加过很多次国际设备展览。在展会上，你会发现中外厂商市场宣传角度有很大不同。一般中国厂商宣扬的总是获得的奖章荣誉、产品的合格证书、质量认证，还有名人的题字和参观照片，另外就是伴随激昂音乐的车间生产场景，轰轰烈烈。产品宣传下意识地变成了政治宣传。而西方的厂商，宣扬的总是机器的性能、客户的反馈，更多的是产品在各种艰苦作业环境下的实际应用，至于谁来参观过，库存有多么庞大，一概不重要，因为客户不会因为这些原因而购买你的产品。

目标成本

利润=售价-成本

对于大多数日本制造业来说：利润=售价-成本。成本越低，利润就会越高。日本企业更注重于目标成本的控制,这种核算方法需要首先决定特定产品的功能、市场要求的质量水平和市场的支付意愿，然后决定产品成本。

佳能公司在开发自己的微型复印机时，就是按照成本分摊的方式进行的，先确定市场售价，再决定开发和生产的成本。

宜家公司在设计它著名的马克杯时也学会了这种方法。它的水杯在设计初就定价为3元，然后开始设计，研究材料，寻找工厂，甚至上釉用的颜料也将成本精打细算在里面，因此颜色的选择并不多。为了节省运费和库存空间，杯子的底部专门设计成可以摞在一起的形状。这种马克杯一度成了宜家的畅销产品。

> 日本的管理者认为，在规模化的制造业里，"真正的成本可能只有梅子核一样小，把成本膨胀成一个大橘子等于在吃掉所有的利润。"

比如一辆轿车，可以卖到2 000美元以下。拉丹·塔塔是印度塔塔公司总裁，他说他看到印度穷人全家贴在一辆机动车上，父亲骑车，小孩站在前面，母亲坐在后面，怀里还抱个婴儿，就想制造一辆穷人买得起的轿车。

2008年，拉丹·塔塔实现了这一梦想。塔塔公司的Nano车终于在印度上市了，该车售价10万卢比，约合1 984美元，是当今"世界上最便宜的轿车"。

Nano车的成本控制达到了极致。它只有一个雨刮器,没有电动车窗,没有自动座位调整等一般舒适性设施,座位由塑料和织布材质做成,发动机是双缸0.6升排量,配四速手动变速箱,没有空调系统,没有音响,没有内胎,在标准版中没有安全气囊和防抱死刹车系统。如果你到过印度,在孟买街头与牛车一起同行过,你会发现这种车完全适应印度的实际路况。因此,刚一推出,便受到印度消费者的狂热欢迎。要想提早买到一辆全新的Nano,甚至需要抽签来决定。

标准成本

售价=成本+利润

对于大多数美国公司来说:售价=成本+利润。完全相同的公式,但是理解可以完全不同。

在很多美国公司里,成本是以标准成本的方式来进行控制的,即按照生产的标准程序来核算产品的成本,通过计算实际成本与标准成本的差异来管理生产。获得利润的唯一办法就是在标准成本的基础上加上利润,因为标准成本本身是轻易不能改变的,否则就不叫标准成本了。

标准成本

标准成本是美国企业的发明,已经有80多年的历史。1925年,唐纳森·布朗从杜邦公司跳槽到通用汽车公司后,担任通用公司财务副总裁。为了管理生产成本,他提出了标准产量的概念,就是理想状态下的产能,并以此为基础核算单位产品的变动成本和固定成本。唐纳森的标准成本方法第一次使得生产管理者弄明白了产品的单位生产成本，从而能够进行有效管理。这种办法在20世纪初期使美国通用汽车公司取得了行业的霸主地位，很快便在制造企业中普及开来。

然而，就像一把双刃剑，标准成本也使美国制造业的管理层拘泥于标准产量的概念。所以，在20世纪80年代，当日本的产品以几乎低于美国产品标准成本的价格在市场上竞相出现时，美国制造业整体感到手足无措了。

机会成本

"振保的心里有两个女人，一个是白玫瑰，一个是红玫瑰。娶了红玫瑰，久而久之，红的变成了墙上的一抹蚊子血，白的还是'床前明月光'；娶了白玫瑰，白的便是衣服上的一粒饭粘子，而红的却是心口上的一颗朱砂痣。"

——张爱玲，《红玫瑰与白玫瑰》

红玫瑰和白玫瑰就是振保的机会成本。

从经济学的角度来看，人类的任何决定都意味着失去了其他选择。

机会成本不是通常意义上的成本，它不是一种支出或费用，而是做出某种选择之后可能损失的收益。感受机会成本更多是一种后悔的程度。比如，振保对于红、白玫瑰的选择，无论结果如何都是同样的后悔，机会成本一样大。所以有人说，商业里似乎没有最好的选择，只有最好的努力。重要的是做出一个相对好的选择后，一直不断地去经营它。

所有行为的机会可以划分成财务成本和非财务成本。振保面临的是非财务成本，而资本成本则是一种典型的财务机会成本。

资本成本

读有些跨国公司的财务年报，你会发现在资产负债表上现金占流动资产较大比例，负债比率较低。为什么要持有比较多的现金呢？为什么不多用财务杠杆借贷经营呢？

穆迪和标准普尔公司评估企业信用指数的主要参数就是负债率。较低的负债率会使企业的信用指数比竞争对手高。这样，在资本市场上，企业的贷款成本比竞争对手低，产品还没有开始销售，企业已经有了资本成本的优势。

一般跨国公司都会选择核心银行，利用规模效益，建立中央集权性质的现金池来统筹管理现金，在全球范围内进行调配，以保证各地区都能有最低成本的资金。跨国公司总部往往还会介入金融衍生物以及汇率的炒卖，以控制资金的汇率风险。

如果股东的原始资本即最初的权益资本不够，企业就要向外借贷，这就是债务资本。权益资本和债务成本的机会成本就是企业的资本成本。企业追求的是所谓最佳资本结构，就是使其加权平均资本成本最低的资本结构。

因为资本成本的原因，西方越来越多的企业使用EVA⊖的概念。经济增加值是公司税后经营利润扣除债务和股权成本后的利润余额。经济增加值不仅是一种公司业绩度量指标，还是一个全面财务管理的

⊖ Economic Value Added的缩写，经济增加值，由美国Stern-Swart公司创建，该公司拥有EVA的版权。

架构，可以作为经理人和员工薪酬的激励机制。管理人员在运用资本时，必须为资本付费。由于考虑到了包括权益资本在内的所有资本成本，经济增加值体现了企业在某个时期创造或损坏了的财富价值量，真正成为股东所定义的利润。

假如股东希望得到20%的投资回报率，那么只有当他们所分享的税后净利润超出20%的资本成本的时候，他们才是在"赚钱"。而在此之前的任何事情，都只是为了达到企业投资可接受的最低回报而努力。有效利用经济增加值，能使管理者和股东利益相一致，从而结束两者之间常常不可避免的利益冲突。

客户成本

对客户的管理与其说是成本管理，不如说是利润管理。企业的目的是创造利润，更是创造客户。

> 贝恩公司的市场调研报告显示：一半的美国公司现在每5年就失去50%的客户。美国密歇根大学的研究报告说：27%的美国客户对购买的产品和服务不满意，客户感受不到制造商和服务商提供的价值。

这种现象在其他国家同样存在。满意的客户会将满意传送给4~5家企业，而不满意的客户会将抱怨传播到9~12家企业。在许多行业里，开发新客户的成本是维持老客户的5~6倍。多维持5%的老客户可以多增加25%~125%的利润。

客户的满意度如此之重要，以至于大家都认为所有的客户都是上帝。但是，不是所有的客户都是你的上帝。像资产有优劣之分一样，客户也有好有差。客户管理的一个重要原则，就是要不断地对客户进行梳理，剔除那些最差的客户。那么，谁是你的最差客户呢？

> **财务智慧**
>
> **谁是你的最差客户**
>
> 只在打折时购买；经常退货；一年内最多与你的品牌接触两次；喜欢向所有人抱怨；购买只是为满足需要的必需品；随时转移到别的品牌。
>
> 当你遇到这些客户时，最好尽快把他们从你的客户数据库里清除出去。如果这些客户投向你的竞争对手，这对你多半是个好消息。

质量成本

有一次吃早餐的时候，我偶然看了一眼刚买回的一瓶"怡达"牌黄桃罐头。产地是河北承德，上面的标签用中文写道："精挑细选 优质保证：我们所用黄桃是从丰富的大自然中选取的，故以其柔软可口而负盛名。该产品质量确实上乘，但万一有不良品请到所购商店联系，负责退换。"

下面印着一行英文："The quality of this product is very good. But some products are not very good. If so, please get in touch with the store where you buy it and exchange a purchase."

翻译成中文就是："我们产品的质量非常好。但是其中一些产品的质量不是很好。如果你（不幸）遇到这样的产品的话，请与你所购商店联系，进行更换。"

厂家似乎在诚实介绍产品，但是却犯了质量管理的忌讳。

一辆汽车停在一个相对混乱的街区里，车窗关闭。一个星期之后，汽车将安然无恙。但是，如果你拿一根棒球棍把这辆汽车的一扇车窗打碎，只需要一个晚上，你就会发现这辆车的所有部件甚至四个轮子都已经不翼而飞了。这是美国行为学家做的试验。如果有人打坏了一个建筑物的窗户玻璃，而这扇窗户又未得到及时维修，别人就可能受到暗示性的纵容去打烂更多的窗户玻璃。这就是经济学里的"破窗理论"。

> **"破窗理论"的启示**
> 必须及时修好"第一个被打碎的窗户玻璃"，这也是质量革命的核心。

质量管理的专家们认为，质量成本可分为不符合要求的成本（the price of non-conformance，PONC）和符合要求的成本（the price of conformance，POC）。

所谓不符合要求的成本（PONC）是指所有做错的事情的花费，包括改正售货员送来的订单、更正任何在完成提货手续过程中所发生的错误、改正送出的产品和服务、重复做同样的工作或产品保修期内的花费，以及其他种种因不符合要求而产生的赔款。把这些统统加起来会得到一个惊人的数字。研究者统计，在美国的制造业公司中，这类花费约占销售收入的20%以上，在服务业则高达35%。

符合要求的成本（POC）是指为了把事情做对而花费的金钱，包括大部分专业的质量管理部门、预防措施的花费、质量教育和用户操作培训的花费，同时也包括检验做事程序或产品是否合格等的费用。在运营良好的公司，这项花费大约是销售收入的3%或4%。

对于食品行业的公司来说，POC还包括食品安全的控制成本。这项成本看似不高，但是影响巨大。三鹿奶粉事件是个妇孺皆知的典型例子。若干年前，我曾经造访过三鹿公司，为其做人力资源方面的咨询。有一次，我跟三鹿的几位高层管理人员一起在公司对面的餐馆吃饭，我印象最深的是一位老总在吃饭前一定要用醋把所有的餐具包括我的都消毒一遍，他说只有这样吃得才放心。

以前，经济学家们总是试图在质量与成本之间寻求某种折中来达到成本最低点。随着优质产品率的增加，预防成本和鉴定成本也相应增加，因此生产出更多的合格产品相应要花费更多的精力。传统的质量观点认为产品质量100%合格并不是公司的最佳质量目标，应该在可接受的范围内允许一定的次品率。这是纯粹从财务角度出发的成本分析思想，已经被实践淘汰。很多公司将零缺陷作为质量管理追求的目标，比如摩托罗拉和通用电气使用的六西格玛法，就是要求产品在100万个机会里只能有3.4个瑕疵。

> 如果你以质量为中心来合理安排工作，成本就会被自行控制住。
>
> ——菲利浦·克劳士比

中国要成为世界的制造业中心，除了劳动力成本的优势外，有效的质量管理和质量成本控制同样重要。

研发成本

> 知识是铅笔，而理解就是在它的一端加上橡皮擦。

几乎所有人都对研发成本或者说研发费用持肯定的态度。的确，有时看一个公司是否有技术上的优势，是否能够持续长期地处于市场的主导地位，产品的技术领先很重要。中国制造升级为中国创造的关键就是自主研发的能力。

但是，研发并非一定就意味着传统中昂贵的实验室和一大堆的试管仪器，一些看似很小的革新也能带来巨大的利润。自从铅笔发明以后，几十年内销量缓步增加。一个叫Hayman Lippma的人对使用铅笔的人似乎有更深刻的理解，他在每支铅笔的一端加上橡皮擦。结果从那天开始，销量飞速上升，直到今天带橡皮擦的铅笔每年销量70亿支。华尔街日报称："知识是铅笔,而理解就是在它的一端加上橡皮擦。"

实际上，研发的投入并不能给市场带来必然的成功，如果不能很好地理解客户的需求，推出的新产品和新技术就会像大白象一样高贵而无用。沃尔沃卡车在沙特阿拉伯的失利不是因为技术落后，而是因为技术太先进。

若干年前，在沙特阿拉伯的公路上经常会看到以安全、质量和环保著称的沃尔沃卡车。沃尔沃为了保持在市场上的领先地位，不断地进行技术创新。研发在沃尔沃公司有着悠久的传统和备受尊重的地位。研发团队一直在扩大，研发费用似乎从来就没有短缺过，研发能力在不断精进。车辆的性能随之在不断提升，很多先进的计算机技术被应用到卡车上，直到有一天，在沙特阿拉伯很难再找到不需要太多培训就可以上岗的卡车司机了。会熟练操作电脑并能完全看懂使用手册的司机越来越少，结果车上很多先进的功能只能沦为昂贵的摆设。沃尔沃卡车好得超过了市场对于基本运输工具的期望。

这时，奔驰卡车携带着10年前的老技术进入沙特阿拉伯市场。它们简单，一点也不时尚，甚至没有一点想与时俱进的意思，但是它们满足了沙特阿拉伯卡车司机的需要——容易驾驶，可以运输，价格也低。很快，技术落后的奔驰卡车受到了空前的欢迎。

有时候，要理解客户真正的需求是什么并不是件容易的事。有很长一段时间，我每隔一个星期都要乘飞机去长途旅行。现在的飞机商务舱座位边上都装有机上电话。在飞行中，手机是不允许使用的，但是可以使用机上电话。你只需要刷一下信用卡就可以通话了。据说，航空公司做了很多次客户需求调研，很多乘客都表示机上电话是需要的。于是，飞机制造公司投入大量人力物力研发机上电话，而且成功了。一个很有趣的现象是，我从来没有看到有乘客在飞行中使用过这种电话，我自己也从来没有用过。试想一下，你旁边靠得很近地坐着陌生的乘客，你给谁打电话似乎都不合适。于是，这种昂贵的通信工具成了摆设。而它的研发成本最终摊在了每一个无辜的乘客身上。

沉没成本

> "One Night in Beijing，我留下许多情，不敢在午夜问路怕走到了百花深处……人说百花的深处住着老情人，缝着绣花鞋面容安详的老人，依旧等待着那出征的归人……One Night in Beijing，你会留下许多情，不敢在午夜问路怕触动了伤心的魂。"
>
> ——《北京一夜》歌词

《北京一夜》是感情上的沉没成本。

俗话说，"行百里者半九十"，前头这九十里就是沉没成本，完全成了无用功。西方人爱说："不要为打翻的牛奶哭泣"，也是这个意思。麦当娜饰演的艾薇塔，在银幕上深情地高唱《阿根廷，不要为我哭泣》时，一代国母艾薇塔成了阿根廷政治历史的沉没成本。

过去国有体制里的企业员工在分奖金时常爱抱怨说："没有功劳

还有苦劳,没有苦劳还有疲劳,为什么奖金没有我的份?"这里的苦劳和疲劳其实都是沉没成本,是无用功,忽略不计的,因为在商业世界里,功劳才是唯一有价值的可以量化的产出。

不要让过去的阴影笼罩前面的道路。财务里假定,沉没成本对以后的决策没有任何可量化的财务价值,因此作为费用一次性记录。比如一个项目中途夭折,所有的投入都将成为沉没成本,在财务上不可以做分摊折旧处理,这样才不至于影响下一个项目的评估和决策。听上去,很有点断臂自救的意气。

投资决策失误往往是造成企业沉没成本的最主要原因,因此,战略决策一再强调必须做正确的事情,特别是在做大的固定资产方面投资的时候。

比如,建立一家工厂。一旦建立,各项建厂时的投入就变成了沉没成本。除非预期的产出收入至少能弥补建厂费用,否则,一个理性的企业家是不会轻易投资建厂的。

在石油行业里,石油钻井时经常会出现废井,可能是勘探的原因,也可能是施工的原因,也可能纯粹是运气的原因,总之,必须随时准备放弃已经投入的资金和技术,重新寻找新的钻井口。这种巨额的沉没成本自然不是一般小公司能承受得起的。

跟其他成本有好有坏一样,有时沉没成本也可以为企业在某些方面带来优势。

如果一个产业的沉没成本很高,就会形成进入门槛。那些具有明显规模经济的资本密集型产业,如能源、通信、交通、房地产、医药等产业,其惊人的初始投入和退出成本则往往使许多准入者望而却步,因为这首先是一场PK"谁输得起"的比赛。小企业通常只能选择沉没成本较低的竞争性行业求得发展。

经济泡沫也是一种典型的沉没成本。网络泡沫盛行时，在1999年世界经济论坛上，比尔·盖茨说："是的，它们当然是泡沫。但是你们都忘记了核心。正是因为泡沫才吸引了大量的资本投入到互联网行业，从而驱使技术的进步越来越快。"

边际成本

边际成本严格上说是经济学的概念。不过，财务本来也就是经济学的一部分，财务的前身就是微观经济学。只是边际成本不常在财务报表里看到，但是，做分析时经常用边际成本。

以前，没有开始计划生育的时候父母常说多养一个孩子只不过是锅里多加碗水，桌上多添双筷子，意思就是说，边际成本很低。

这种情况在制造业企业里经常遇到，由于固定成本的摊薄，每增加一件产品的成本，即边际成本越来越小。收支平衡点就落在边际利润等于边际成本的时候。

长袖者善舞，多钱者善贾。跟沉没成本的作用相似，边际成本让富有者更富有，贫穷者更贫穷。所谓"上帝的眷顾"的财务意义即在于此。

第7章

现金为王

> 现金如同人类生存环境的第五元素。很多时候，现金流比利润还要重要。企业不会因为没有利润而破产，但是会因为没有现金而倒闭。

所谓现金，是指货币形式的流动资产。现金的概念就像是一座巨大的冰山，浮在水面上的是我们日常使用的货币，这只占冰山不到10%；另外超过90%的部分在水面以下，是各种短期票据和电子货币。

电子货币对金钱发挥了有如避孕药物对于性的刺激。今天的财富已经变成一张张薄薄的塑料信用卡、一个账号或者一行数码。金钱数码化的结果一方面提升了数量级，流通更方便；另一方面使金钱的原始感觉疏远。美国的许多家庭理财专家就曾建议不要使用信用卡消费，而应该用纸币和硬币，只有那样，才能最直接地感觉到你的花费，才能有效控制支出。

古希腊人把气、水、火和土视为所有物质赖以形成的四大天然元素，实际上金钱已经成为人类社会的"第五元素"。历史上各个时代中，在世界各地，从盐到烟草，从木材到干鱼，从大米到衣物，都曾被当作金钱使用。印度一些地方的原住民用过杏仁，危地马拉人用过玉米，古巴比伦人用过大麦，孟加拉湾的原住岛民用过椰子果，蒙古人用过砖茶，菲律宾、日本、缅甸和其他东南亚地区的人用过大米，挪威人用牛油和干鳕鱼作为金钱。

即使在今天的云南，普洱茶在某些场合也被视作流通用的金钱。云南有普洱茶的银行，顾客可以将新茶买下存放在普洱茶行里，每年年底可以分得一定比例的利息，据说好的时候利率可以高达20%。

我在比利时的小镇布鲁日参观巧克力博物馆时，发现在玛雅时代的南美洲人竟使用可可豆作为货币，3枚可可豆可以买一个鸡蛋，10枚可以买一只兔子，100枚就可以买一个人，不是甜腻腻的巧克力人，而是真人。

现代英语中的"薪水"一词salary，源自拉丁字sal，意思是盐。据说，在罗马帝国时代士兵领取的薪饷就是盐，或者说他们领钱的目的在于购买食盐，以便给原本淡而无味的食物调味。草原民族常把牲畜当金钱使用，英文中的"资本"一词capital，就是从"牛群"cattle演变来的。

在黄金作为现金被普遍接受之前，历史上甚至连人类都曾被用作金钱流通。在古代爱尔兰，女奴是普遍的价值标准，用来购买牲畜、船只、土地和房屋，如果女奴的头发是红色或金色，价值更高。不过，在所有的金钱形式中，由于奴隶死亡率高并有逃亡的可能，因而也最不可靠。

纽约曼哈顿的联邦储备银行外表跟华尔街的其他金融机构没什么两样，但是在离街面80英尺以下的基岩内，有一个巨大的保险库，里面堆放着各国政府寄存的1万吨金条，全世界大约1/4的黄金都存放在这里。好莱坞的城市大盗电影就常以纽约的地下金库作为背景演绎。

还有些黄金不在曼哈顿。在肯塔基州北部绵延的山峦中，有一座戒备森严的军事基地——诺克斯军营，美国国库中一多半的黄金（大约4 000多吨）储存在这里。另外在西点军校有1 700多吨、在丹佛有1 300多吨、在美国的其他三线地方有1 000吨。国库中的黄金都是以每条1 000盎司的砖块形状裸放，因为黄金不会腐蚀、生锈和剥落，所以也不需要包裹或其他额外维护。

由于黄金的产量有限，以此为基础的货币供应就显得不足。20世纪初的时候，人们希望将白银纳入货币标准，用黄金和白银一起来建立货币基础，同时保证货币的购买力。最后这种努力失败了，但却留下一部人人喜爱的电影——《绿野仙踪》。

《绿野仙踪》的真正意义

1900年，一个美国新闻记者写了一部政治寓言小说，支持以黄金和白银为货币标准的复本位制度，因为当时黄金的供应量远远不够。这部小说不久搬上银幕，就是电影史上堪称经典的《绿野仙踪》(Wizard of Oz)。

> 一场莫名其妙的飓风将桃乐丝和她的小狗从堪萨斯州吹到空中，落在遥远的美国东部。这个淳朴善良的农家小女孩踏上金砖铺就的道路，出发前往叫"Oz"即"盎司"（黄金的计量单位）的仙境。在途中，她遇到了代表美国农民的稻草人，代表美国工人的锡人，还有象征美国参议院的怯懦的狮子。故事中掌控翡翠城金融机制的是崇拜黄金的魔法师和女巫。在翡翠城中，人民必须戴系有黄金扣带的绿色眼镜。

> 故事结尾,所有善良的人民只需揭发魔法师和女巫的欺诈行径,在黄金和白银复本位货币制度世界中就可以天下太平,幸福繁荣。农民稻草人发现他竟是那么聪明,狮子找到了勇气,工人锡人也获得了新的力量来源,一把合金工具银刃金斧子,而且身上只要带有镶了黄金和珠宝的银制油罐,他就永远不会生锈。
>
> "世界上没有任何地方能够像家一样!"(There is no place like home!)桃乐丝的一句感叹感动了全世界的观众。

1900年,美国国会通过黄金本位法案,承诺美国货币以单一商品黄金为基准。民粹党人士向美国国会施压,要求采用黄金和白银双标准的复本位政策,最终仍是徒劳无功。后来,在南非,美国的阿拉斯加和科罗拉多州发现了新的金矿,黄金供给扩大了一倍,消除了货币短缺现象。

金本位货币制度经历了两次世界大战,直到1944年的布雷顿森林协议,各国货币与美元挂钩,美元锁定黄金价格,成了"翡翠城"的主人。以后的20多年,世界经济蓬勃发展,黄金从美国大量流失,尼克松总统坚守不住,在1971年被迫弃城而走,终止了美元与黄金之间的固定交换,美元相对于黄金浮动,从而瓦解了布雷顿森林协议,各国的货币汇率由外汇市场的货币供需而调控,进入货币的自由市场经济阶段。

桃乐丝和她的小狗终于可以自由自在地回到自己的故乡堪萨斯州了。

赢利的公司怎么会破产

20世纪80年代中期,美国经济进入萧条期,一些公司陆续向联邦

法院申请《破产法》第11章的破产保护。从利润表上看，这些公司一直在赢利，产品质量也不错，客户也没有丢失。赢利的公司怎么还会破产？

当一个公司没有足够的现金偿还到期债务时，就会发生债务危机。如果生产型的公司长时间地让产量远大于销量，或者销售型的公司不断延长顾客的付款期限，对应收款失去控制，那么，即使公司出售的产品赢利，但是销售产生的现金流入可能并不足以赶上生产和投资所需的现金流出。这些都有可能导致公司的成长性破产（growing broke）。

这时，从财务报表上看会发现一个很有意思的现象，就是在公司宣布破产之前，利润表连续多年的净利润为正数。但是这些公司的经营现金流总是在破产的前几年里就开始恶化，经营活动产生的现金流量远远小于利润表上的账面利润。

经营现金流与经营利润之间似乎永远存在差异。经营好转时，现金往往滞后于利润增长。研究人员发现，在一般的传统企业中，由于应收款和库存等的影响，现金的增长往往只是销售增长的平方根，比如说销售增长1倍，取2的平方根，现金只增长41%。这与计算经济库存量的原理一样。

对于投资者来说，被收购企业手中的现金并非不值钱。没有人愿意花100万元去购买另外100万元现金。但是，对于经营者来说，现金生死攸关。利润亏损，企业尚可生存，但是现金断流，企业将岌岌可危。

如果你想分析一家公司的财务状况，又感到时间紧迫，你可以先看一眼它的经营现金流，因为它比任何其他财务数据更能说明问题。

我在美国读书的时候，曾经与一个朋友合开了一家公司，叫做后现代概念公司。名字很现代,但是业务不现代。我们主要经营进出口贸易,包括家具、丝绸、首饰、化学原材料以及与中南美洲之间的电脑磁盘的转口贸易。那时,我们都很年轻,有很多激情和勇气。市场有时认可这种年轻,有时不认,所以业务时好时坏。当时得到的最大教训就是发现了现金流比利润更重要。对于很多新成立的企业来说,现金流就是一切,利润倒在其次。如果现金周转得好,企业能够存活,利润是水到渠成的事。如果一味关注利润,过多的库存和应收账款会耗尽现金,最终利润只能留在报表里,企业无法生存。

要管理好现金流,最有效的工具是制定可靠的现金流预测。所谓可靠,就是一定要考虑到最糟糕的情形。

"八个坛子七个盖"的现金流管理

商业活动中有一个很简单但很重要的流动资金循环:

现金购买库存,库存产生销售,销售带来应收款,应收款必须转化为现金(见图7-1)。

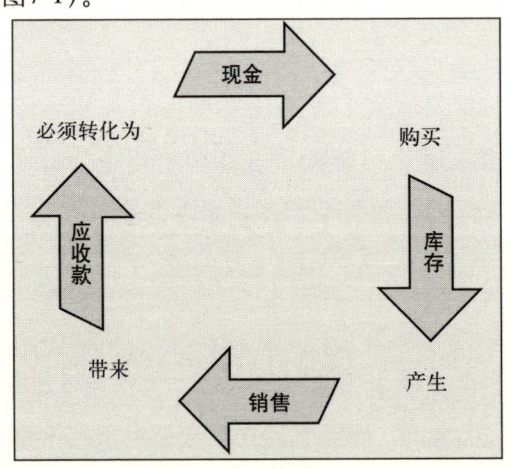

图7-1 流动资金循环

在这个过程中，最重要的是循环的速度，如果速度太慢，就无法减少资产以获取现金来偿还债务，只能通过外部融资，而代价就是融资成本。

财务上用现金周转周期（cash conversion cycle，CCC）来衡量现金的周转速度。

CCC＝应收账款回收天数－应付账款周转天数＋库存周转天数

现金周转周期（CCC）越短表示现金周转越快。理论上说，CCC的天数是零最好，这样就不需要用自己的钱，至少是流动资金，就可以赚钱了。CCC可以做到零吗？实际上，有些公司不仅做到零，甚至做到了负数。

戴尔电脑公司的财报公布的CCC为负数，因为它的库存时间为零，而应付款的时间远长于应收款的时间。它的现金周转快到可以从中赢利的程度。它不用向外融资，它可以借钱给人，或者做短期投资，用钱赚钱。

1891年，美国运通公司开始发售旅行支票，过了一年，当时的总裁詹姆士·法格才开始认识到它的好处。旅行支票从购买到兑现有个时间差，这期间等于美国运通得到了一笔无息贷款而且是现金。美国运通每天有超过60亿美元的这种无息贷款即自由现金流量供它支配。经营旅行支票的业务只有很微小的账面利润，但是，60亿美元用于投资将带来一笔非常大的回报。

国内一些零售业利润的真正来源并不只靠销售商品，而是靠赚取负利率。一些大卖场普遍以90天为结款期限，如果3个月的销售款不用还，一天销售额为10万的话，90天就有900万，大卖场手中就一直有大额的现金在流动，而且销售额越大资金额也就越大。单把这部分钱存在银行，就会有源源不断的存款利息。

红顶商人胡雪岩说:"八个坛子七个盖,盖来盖去不穿帮就是会做生意。"意思是说商人手中的钱是用来周转的,如同用七个盖子去盖八个坛子,不能穿帮。用九个盖子浪费,用八个盖子笨蛋也会。

在企业的日常经营活动中,现金时刻在流动,流水不腐,流速也不慢,但是,在某些人看来,这种流速远远不够,需要更快。这些人就是金融家和银行家。

最终让现金疯狂流动起来的是银行,银行是现金大循环中的加速器和调节阀。其实银行没有自己的钱,它归根到底是一种寄生行业,但却是一种特别的寄生行业。银行业务之所以与众不同,主要是因为银行家一直贷放的都是别人的资金。银行手里掌握的正是那根可以以小博大的神奇的财务杠杆。杠杆效益让现金在全社会范围内快速流动。

第8章 财务的十诫

财务的戒律影响的不仅是财务报表，潜移默化中也决定了财务人的性格和意识。

《十诫》的故事

摩西是基督教传说中的领袖，为了摆脱埃及人的奴役，他率领希伯来人长途跋涉，寻找自己的家园。为了使希伯来人减少内部的混乱无序，摩西深更半夜爬上西奈山，代表基督徒与上帝订下神圣的《十诫》(The Decalogue)，规定了人类行为的最初规范。《十诫》成为西方基督教世界里法律条文和道德准则的基础。

十诫

第一诫：我便是主，是上帝，在我面前，你没有第二个上帝。
I am the Lord, thoushalt not have other gods before me.
第二诫：不要玷污上帝的名义。

Thoushalt not take the name of the Lordthy God invain.

第三诫：不要忘了神圣的安息日。

Remember the Sabbath day, to keep it holy.

第四诫：要尊敬你的父亲和母亲。

Honor thy father and thy mother.

第五诫：不要杀人。

Thoushalt not kill.

第六诫：不要通奸。

Thoushalt not commitadultery.

第七诫：不要偷窃。

Thoushalt not steal.

第八诫：不要在邻居面前做伪证。

Thoushalt not bear witness against thy neighbor.

第九诫：不要觊觎邻居的妻子。

Thoushalt not covet thy neighbor's wife.

第十诫：不要觊觎邻居的财物。

Thoushalt not covet thy neighbor's goods.

一位波兰裔的导演，曾拍《蓝》《白》《红》三部曲的基耶斯洛夫斯基用了现代城市里的10个小故事把这些戒条一一从《十诫》中演绎出来，这些故事真实得近乎残酷。整部电影长达10个小时。

这10个故事的主角都住在第二次世界大战后波兰的一幢公寓里，他们不得不去抉择一些异常艰难的东西。比如"第二诫"中，一位年轻的女艺术家怀上了情人的孩子，重病的丈夫在医院里接受治疗，她问医生她丈夫的病还有没有救。如果他将病死，她就生下这孩子，如果他会病愈，她就不得不放弃这孩子。医生沉思再三，选择撒谎说她丈夫将不治而亡。最后孩子生下来了，丈夫也出院了。在"第三诫"中，一个男人终于决定离开情人，重返家庭，旧情人却在圣诞前夜要求他陪着去找自己失踪的丈夫，而实际上她也是想在那一夜做最后的抉择。在"不可偷盗"的"第七诫"里，玛卡读大学的时候生下了私生女并把她交给自己的妈妈抚养，孩子打小喊外婆为妈妈；当玛卡想要回女儿的时候，她只能采取偷的办法。"第八诫"讲述的是第二次世界大战中一位波兰妇女拒绝救助一个犹太小女孩，女孩长大后又见到了身为伦理学教授的那位妇女，才知道当年她之所以放弃救助，是因为有情报说女孩是盖世太保设下的诱饵，事后才得知情报是假的。

基耶斯洛夫斯基说："我仍相信我们是自己激情、生理状况与生物现象的囚徒，就和几千年前的情况没有两样。"

我是若干年前的一个星期天看的这10部电影。地点是美国休斯敦的艺术博物馆。从早上9点半开始，看到12点半，出来休息一个半小时，喝罐可乐，吃块BLT的三明治，下午1点半进场，直到5点半，看完了前六诫。再有一个半小时的休息时间，晚上从7点直到10点结束，看完剩下的四诫。电影院里坐了两三百人，我可能是唯一的黄皮肤。对于基督徒来说，星期天是圣安息日，就是不能工作也不能娱乐，只能休息以及搞搞赞美耶和华的礼拜活动。对于一些人来说，来剧院看这部多少带点儿宗教色彩的电影也算是一项宗教活动了。

晚上从剧院出来的时候，我的脸色苍白。我觉得《十诫》与其说是来自上帝的无形之手，倒不如说是早期人类社会为了种族延续、为了避免自我毁灭、为了自救而制定的人类游戏规则。有了这些规则，游戏才有了意义。

财务的戒律

财务里也有类似的基本原则，或者叫会计通用准则。它们是财务报表里最基本的游戏规则。

每个国家都制定有自己的会计准则。为了向全世界资本市场参与者和财务报表使用者提供一套高质量的、透明的、可比较的、全球通用的会计制度，国际性的民间组织国际会计师协会从1973年开始在伦敦筹划国际会计通用准则。当时只有9个国家参与，英国和美国不在其列。直到1989年，国际会计通用准则才被多数国家采纳。那些没有采纳的国家（比如中国）的会计准则与国际会计通用准则的差异正在日渐减少。

从某种意义上说，中国的会计准则似乎更严厉。其他国家的会计准则包括国际会计通用准则都是行业规定，而中国是通过立法制定的。1982年，全国人大通过《会计法》，由国务院颁布，财政部监督实施。而中国的会计准则遇到的最大挑战是在实施上。

中国会计准则与国际会计通用准则的最大区别是：国际会计通用准则强调专业会计师的判断能力，而中国会计准则更多强调是否符合条例文本。这也许跟我们从小接受的教育方式有很大关系。

在中国，有些学校里的传统考试题目往往是就条文考条文，需要考生一字不差地背下标准答案才能通过。而在美国考试的时候，更多的是情景判断题，考的是理解和运用条文的能力。

在财务准则上也有这种思维习惯的印记。比如在收入确认的时候，中国准则一度以开发票为准，国际准则以责任和风险是否完全转移为准；在合并报表的时候，国际准则要求不仅被控股方或法律上的子公司必须合并，而且对于在实质上有控制权的公司也要求合并；在记录资产时，国际准则强调公允价值，中国准则一般要求历史成本。

中国会计准则喜欢订立一些具体而微的细则，比如曾经规定坏账准备的比率不得超过一定数值（0.3%）。跟中国其他的规章制度一样，用太过数字化的要求取代了执行者的判断能力。在某种程度上，这是对执行者智慧的轻视，结果也往往事与愿违，执行过程中的对策技巧远远超过规则制定者的想象。不过，随着中国经济在全球化中的融入，中国会计准则不断更新，与国际会计通用准则终将并轨。

国际会计通用准则的基本原则有十几条，包括前面提到的权责发生制、收入确认以及实质重于形式等。另外，还有主体原则、配比原则、历史成本计价原则和充分披露原则，以及客观性原则，就是数据必须可靠，经得起客观的第三方检验等。

理解这些原则的最好办法是寻找反面教材。

> 福柯是法国的哲学家，他是通过研究精神病人来探索正常人的精神世界的。他说："正是变态引起人们对常态的兴趣。规范只是通过偏离才得以确认。功能只是因为被破坏才得以揭示。生命只有通过不适应、受挫和痛苦才升华到关于自身的意识和科学。"

财务制定了各种准则以保护财务报告的真实、客观、公允，然而，许多事物都有矛盾的另一面。这些准则又为各种造假提供了方向的指引。根据我的个人经验，因为技术性的原因造成财务报表失真的情况并不多见，绝大多数情况是人为因素造成的，也就是故意做假账。几乎所有的假账都与企业持续经营的概念相违背，无论是无中生有，还是像鼹鼠一样东挪西藏，都是为了短期的利益。具体作假的方法要么是违反了财务戒律中的某一条，要么是同时违反几条。

主体原则

先从一个脑筋急转弯的故事开始。

> 有三个游客住店，为了节省开支三人同住一间房，并说好共同负担房费。每个人交了100元。服务生把钱交到柜上时，老板动了慷慨之心，说："退他们50元吧。"服务生拿着5张10元往回走，路上想："3个人分50元，要出现零头，不好分。"于是擅做主张，把2张10元装进了自己口袋，退给客人每人10元。所以，每个客人实际上付了90元，总共是270元。服务生私吞了20元。加起来是290元。但是，开始的时候明明是300元，那么还有10元跑哪儿去了？

在这个故事里，实际上是三个主体：老板、房客和贪小便宜的服务生。客人支付的270元跟服务生私吞的20元不可以相加，因为主体不同，不能归为一类。只有老板实收的250元与服务生私吞的20元可以相加，得到的结果就是客人实际支付的270元。

我在美国读书时，教会计课的教授是个60来岁的美国犹太人。他说年轻时，他曾在餐馆打工做收银员。每天晚上，他都要盘点现金。有一天晚上，收银机里多了一枚价值2毛5分的硬币，他再三检查，还是多了2毛5，于是他把硬币放进自己口袋，第二天买了一包万宝路香烟，那时物价还便宜。不久，盘点时收银机里少了一枚硬币，他便从口袋里掏出自己的钱垫上。这种情形一直继续着，钱账每晚都能一致。教授说："我当时认为这很正常，也很公平，我的工作就是保证每天收到的现金与日记账对上。"有一天，正当他忙忙碌碌像雨天里搬家的蚂蚁一样转移硬币时，餐馆老板看到了，非常好奇。教授便把他的理论得意地告诉了老板。结果，教授的收银工作丢掉了。教授违背了财务的主体原则。餐馆老板担心的不是几个硬币，而是整个现金管理系统。

通用准则里最基本的原则就是主体原则。主体是提供财务报告的单位，可以是整个公司，也可以是公司内部的一个部门。重要的是不同主体之间必须泾渭分明，不可以随意混淆。

最简单的是个人的钱不能与公司的钱混在一起。比如像你的家用水电费，就不能从公司账上直接支出，只能从你个人的薪水里出。在很多私营企业里，公司的老总把个人的费用当作运营费用在公司账上报销，既违反税法，也违背主体原则。

集团公司内部之间的关联交易也可能违背主体原则。如果关联交易以市价作为交易的定价原则，则不会对交易的双方产生不正常影响。然而事实上，不少公司的关联交易采取了协议定价的原则，定价的高低一定程度上取决于公司的需要，使得利润在关联公司之间转移。

如果A公司控制B公司51%的股份，而B公司又控制C公司51%的股份，尽管A公司实际只控制C公司26%（=51%×51%）的股份，但是A公司还是对C公司有控股权。这样一直继续下去，控股层数越多，实现控股需要的资金就越少。有了这种关联公司，利润就可以人为操纵了。市价100万的商品卖给关联企业可以要价250万，这样就多赚了150万。控股公司的利润就增加了。

跨国公司利用转让定价的做法与此类似。全球范围内，利润一般都会留存在制造厂内，因为制造业企业的税率一般较低，所在地政府要考虑其带来的就业机会。但是，如果人为提高制造利润，从自己的国外分公司和制造厂购进成品时，抬高进价，就可以利用转让定价操纵销售成本，使销售公司的利润人为降低，从而达到逃税、避税的目的。

还有利用资产剥离改扮主体。一些国有企业上市时，先剥离劣质资产、负债及其相关的成本、费用，再将原来不具有独立面向市场能力的生产线、车间和若干业务拼凑成一个上市公司，然后通过模拟手段编制这些非独立核算单位的会计报表。这有点像听说过没见过的传闻，将几十亩地的水稻移栽到一亩地里，这亩高产田自然成了优质股，只是，这样做的唯一麻烦是不可持续。

配比原则

每个月我都要向公司提交我的差旅费报销清单，生产部门要结算当月的原料采购和生产成本，这是常识。每到月底，销售发票都要开出去，这样好确认收入。一切似乎都是顺理成章的。

在这些习以为常的事件背后，是财务报表的另一个原则，即配比原则。原理就是收入和费用之所以被记录，是因为努力与成就的恰当匹配。

具体地说，就是当收入确认时，只有与此相关的成本和费用才能确认。另外，当收入确认时，与此相关的成本和费用必须同期确认。

违反这两条中的任意一条，都无法准确测算实际利润。

预提就是在配比原则的要求下进行的。有些费用还没有发生，比如可能的坏账损失、存货减值，或者到年底才可能要交的各项税费（所谓递延税负），但是当收入确认时，相关的、可能的费用就必须预提。

不过，确定"相关和可能"是由人为的判断决定的，其中可以调

整的空间很大。预提本身往往是滋生假账的温床。

倒闭了的世界通信公司就曾将本来应该作为日常经营的费用当作资本化的费用记账，进行了错误预提。所谓资本化的费用是为长期目的购置的设备和系统等固定资产，应该记录在资产负债表里，然后按照使用年限进行折旧，折旧费逐年预提在利润表里。而经营费用是一次性进入利润表，在当年全部用来抵减利润的。

另一种违背配比原则而作假的方法，就是挂账处理。

所谓挂账，就是悬而不决，放在资产负债表的临时科目内，挂起来暂不处理。比如应该预提的损失和费用找各种原因长期挂账，比如说无法量化、没有足够书面证据等。本来应该当月处理的，如果有意拖延不处理，有的甚至拖到几年后，这样当月的费用就会减少，利润自然好看了。

历史成本原则

一般会计准则要求在记录已经购买的资产时，要按当时购买的实际成本价格计价，这就是历史成本原则。比如，如果你3年前买的写字楼是2万块钱1平方米，现在涨到3万块钱1平方米，如果你不出售，你账面上的资产还是按当时成交的2万块钱算。因为似乎只有这样才能保证成本的客观性。

财务报表的历史成本原则本意是好的，但是导致的结果常常并不客观。

资产的历史成本有时是把双刃剑。聪明的投资者经常会利用财务报表的历史成本原则挖掘到潜在的优质资产公司。比如一些资源性的公司，拥有矿产或者石油资源，还有一些百货公司或者快餐店（如麦当劳),拥有很多廉价取得的商铺,在报表上这些资产都是以历史成本计价,但是实际上,市场价值远远超过了账面价值。一旦变现,就是一笔额外的收入。

另一种类似的情况是无形资产的历史成本也使账面价值与实际价值产生一定差距,同样会给投资者带来意想不到的好消息。比如电视台,如果有一天中国的电视台能够成为上市公司的话,实际价值一定会远大于账面价值。因为电视台拥有的经营许可证,其历史成本可以低到忽略不计,但是,这种排他性的特权即无形资产也让电视台垄断了大众传媒的市场。

当然,历史成本有可能在你不注意的时候贬值,特别是当资产的市场价格下跌时。这在技术更新较快的制造业企业和带有流行特色的时尚业经常看到。

在美国,有时保险公司会在没有明显迹象时就宣告破产,其中一个原因是许多保险公司是用历史成本价格,而不是用更低的市场价值来记录它们的绝大多数投资。保险公司的资产有很多是债券,当这些债券降到垃圾等级的时候,它们就成为劣质的、不再有什么价值的资产了。

现在的财务准则允许做资产的跌价准备,就是在市场价值远低于历史成本时,做减值准备的预提,不过,如果市场价值高于历史成本时,财务准则出于保守性的考虑并不允许你记录高的市场价值。

充分披露原则

在《费城故事》里有一句经典台词:"听着,把我当作一个5岁的孩子,把所有的真相告诉我。"这是律师说的。在美国的法庭

> 上，每一个出庭的证人都必须发誓："我发誓我说真话，我发誓我所说的全是真话，而且除了真话以外我不说别的。"

在商业的最初阶段，比如海外贸易时期，作为出资者的投资人将商品委托给执行人即船长，船长冒着生命危险进行海外贸易，返回时再做详细的报告。执行人设置航海账户，投资人设置商品账户，每次航海结束后，执行人向投资人披露航海账户，并与投资人的商品账户进行比较，以确定这次航海是亏了（"损"）还是赚了（"益"）。这是最初的财务披露时期。

现代企业的特征是所有者与经营者分离。为了实现所有者对经营者有效的监督，同时也是为了解除经营者的受托经营责任，经营者定期向所有者提供会计信息成为必然。与经营活动相关的事件和资料，包括计算利润的会计方法等，要在财务报告中加以充分披露。

随着股份制企业和证券市场的日趋成熟，投资者不仅要求披露财务信息，还要求更多地披露非财务信息，如经营战略信息；主要指标数据变动的原因以及一些不确定的信息，如金融工具利率和信用风险信息；另外，还要求适度地披露未来的信息，如财务预测报告等。

公司发行股票的时候，无论是在一级市场，还是在流通的二级市场，都必须充分披露相关信息。一级市场上的招股说明书，二级市场上的上市报告，上市以后的中报、年报，以及临时报告如收购、配股等，都要披露。以至于有的企业披露不起，只得放弃上市融资的机会。

另一种违背充分披露原则的方法是不充分地披露，即有选择地披露信息。片面的真理很可能是聪明的谎言。歪曲真相实际上是用不着捏造事实的，只需要有意识地挑选些片断的事实，然后将其累加就可以了。世界上，无论是好的东西还是坏的东西，最怕的就是把它们一个一个地、别有用心地加起来。

充分披露原则要求穷尽告知义务，有时甚至有类似"股市有风险，投资者入市须小心"或者"吸烟有害健康，烟民请自己保重"的警示作用。但是穷尽告知义务的充分披露原则并不保证每个人都能理解被告知的内容到底意味什么。"看"与"看见"或者"听"与"听见"是两回事。

保守原则

保守要求反应快。

财务里的保守又叫稳健、谨慎或者审慎。我刚踏进这一行的时候，我的一位优秀的前辈就曾谆谆教诲我要改变自己，重新做人，做个保守的人，审慎的人。

> "怎么做才算保守？"我小心翼翼地问。
>
> "反应要快。"他回答道。
>
> "保守的人不是反应都应该很慢吗？"我感到费解。
>
> "反应慢的人早就被淘汰了，不配做财务，连簿记都不适合。保守有好的保守，也有坏的保守，好的保守是积极的反应快的保守，坏的保守是消极的反应慢的保守。财务的保守要求好的积极的保守。"
>
> "那怎么才能做到积极的反应快的保守呢？"我不解。
>
> "遇到任何事情，首先要很快做判断，是好事还是坏事。如果是坏事，即使只是可能的坏消息，也要立刻做出反应，可能的话

要让所有人都知道，至少你的老板得提前知道，还要在财务报表里提前反映。"

"那么是好事呢？"

"是好事的话，反应也要快。第一反应就是要怀疑，要怀疑所有的好事，要坚信世界上没有免费的午餐。"

"如果真是好事呢？真有可能的。"

"脑子反应也要快，要在最快的时间内估算出好事有多好，但是不能说，最好不要让所有人知道。"

"包括我的同事，我的老板？"

"是的，特别是你的老板。不能说，要屏住。"

"屏到什么时候？"

"屏到屏不住的时候。"

"为什么呢？"我特不解。

"因为好事多磨，谁知道中间又会发生什么事。好事越早说出去，多磨的可能性越大。而且，所有人，特别是你的老板对好事的期望值随着时间的推移越来越高。"

"那么，坏事为什么会越早说越好呢？"我追问。

"所有坏消息，越早知道，危害越小，至少心理承受能力上是这样的。何况，有风险预警，人的反应能力会突然增强，加上给了足够的时间，就有可能找到减弱或者消除坏结果的办法。"

"一句话，"他总结道，"就是宁可承认不确定的坏消息，也不承认可能的好消息。"

就这样的一句话，十几年下来，我成了对于一点风吹草动都会跳起来的积极保守的财务人。

第8章

财务的十诫

在财务的所有准则里，对财务人的个性影响最大的就是保守原则。保守像墨汁一样，渗透在我们的血液里，是财务人员心底摆脱不了的戒律。

保守原则要求在不确定的资产评估或盈亏计算时，要充分估计到风险和损失，选择对财务结果较为不利的那一种。

具体做法就是推迟确认可能的收入，尽早确认可能的费用，低估资产，高估负债。比如对预提应收账款中可能收不上来的损失，建立坏账准备；记录期末存货时，比较成本和市价最低的价格记录；用"后进先出法"对发出存货进行计价；固定资产按"加速折旧法"计提折旧等。总之，有不确定因素存在的时候，总是"选低收入，选高费用"。

企业的研发包括研究和发展，其性质跟固定资产很像，都是为了明天的收益在投资。但是因为研究的时间和结果太不确定，财务人员不知道应该如何折旧，出于保守起见，便将它一股脑当作费用处理，在研究费用产生的当时一次性归入管理费用之中。对于发展，则可以归入资本化的费用，在一定时段内分摊。

有意思的是，在实践过程中，保守原则与财务的其他原则在很多情况下是互相矛盾的。

保守原则将现在尚未发生的、未来可能发生的损失、费用提前计入利润报表，这显然违反了"不是本期发生的费用均不得计入本期"的权责发生制原则。

配比原则要求，一定会计期间的各项收入与其相关联的成本、费用应在同一会计期内确认计量；保守原则体现的则是，尽可能在当期确认可能的损失、费用，滞后确认或者干脆不确认可能的收入。

历史成本原则要求"各项资产应当按取得时的实际成本计价。物价变动时，除国家另有规定外，不得调整其账面价值。"但在保守原则下，存货可以采用成本与市价孰低法计价。

可比性、一致性原则要求，会计核算应当按照规定的会计处理方法进行，会计处理方法前后各期应当保持一致，并且不得随意变更。但是保守原则允许企业根据自身具体情况的变化改变会计核算的方法。根据保守性原则，不同企业可以选择不同的折旧方法、坏账准备金的计提方法，这样就破坏了会计的一致性原则。

矛盾冲突的结果往往是保守性原则占上风。保守性原则保证财务报告里的谎言是善意的，尽管它可能会使账面赢利有时滞后于实际赢利。

保守原则是财务对外界环境中不确定性因素所做出的一种近似本能的反应，是对具有牛仔精神时刻充满乐观思想的企业领袖们的制衡。它似乎是为了验证墨菲定律：涂满黄油的面包如果掉到地上的话，朝下的那一面八成是涂了黄油的。

未雨绸缪是件好事，但如果过分利用保守原则就有作假的嫌疑了。设立准备金的理由可以是为了准备客户退货，也可以是为了保证产品的保修期服务。一家跨国公司曾以提取准备金的形式，堂而皇之地注销了数百万美元的存货，后来在年景不好的时候，又将这些存货卖出，收入全部成了利润。

只肯锦上添花从不雪中送炭的银行

> 银行家是晴天把伞借给你，雨天又凶巴巴地把伞收回去的那种人。
>
> ——辜鸿铭

金融业是高风险的行业，也是最保守的行业。比如，在做房地产抵押贷款时，抵押价格的评估就采用"宁估少，勿估多"的保守原则，一座房子抵押价格只能在评估值的60%左右。当铺的风险更高，因此所有绫罗绸缎进了当铺的门都被认为经过了虫啃鼠咬，必须大打折扣。

英国传统的银行家永远是一身黑衣，无论天气如何，手里永远是把黑色的雨伞。似乎只有这样装扮才能博得客户的信任，储户们这才放心自己的钱无论天晴下雨都会被保护好的。银行为了规避经营风险，为了自保，一向以保守著称，只肯锦上添花从不雪中送炭。

为什么银行是高风险的行业？美国商业银行的利润表显示，每100笔贷款业务中，银行的收入即存贷利差是3%，而银行经营管理的费用以及税负占到1.8%，银行的利润只有1.2%。这是个薄利的行业。

银行的最大风险是不良贷款，一般银行只能收回违约贷款价值的40%。这样计算的话，如果100笔贷款中有3笔违约，银行就要亏损。银行为了生存不得不保守。

保守沉淀在财务的血液里

保守的财务管理的目的，是把企业的发展速度调整到一个适宜的水准上。就像火炉上的阀门，它调节燃料的输入从而间接控制热力生产。这些"燃料"包括资金的调配和资金的取得方式。

> 惠普公司曾经有很长时间都采用拒绝长期借债的保守方式，完全依靠自身力量高速发展。惠普公司强迫自己在没有长期负债的情况下以平均每年20%的速度增长，资金的需求通过公司内部的积累和努力来实现，这种素质通常只在小型的、资金极其有限的公司里看得到。

一个跨国公司的平均生命周期是40~50年。长寿公司各有各的特点，但又有一些共同的关键要素，比如对自己的周围环境都非常敏感；公司有很强的凝聚力，员工有较强的认同感；具有宽容的文化；财务上比较保守。

长寿公司以一种很古老的方式思考金钱的意义，它们知道在资产中保持一定结余的重要性，它意味着行动的灵活性和独立性，意味着竞争对手将处处被动，处处受节制。

拿破仑认为一个战略领导人所具备的所有品质中最理想的是具备审慎的品质。在拿破仑眼里，"审慎"表明的是一种行为，这种行为是随经验而增长的智慧的结果。在事务管理中理智，在资源使用上节俭，在有危险或冒险时谨慎，在做出决策前运用智力和经验，在行动时主动积极，是审慎的行为体现。

我曾对遇到的每一个从美国回来创业的朋友说，如果你真想在国内创业，首先一定要做预算。做预算时，砍掉你一半的预计销售收入，加倍你的成本估计，然后把回款的时间比预想的延长4倍，如果这时你的财务预算报表还是不错，你就可以开始创业了。

第9章

罗生门下的财务报表

如何探究事实的真相？罗生门下的疑问永远存在。不同的财务报表从不同的视角去接近真相，它们之间又是钩心斗角，互相制约的。

罗生门的故事

> 罗生门本是京都的正南门，人烟稀少，年久失修。有一天，倾盆大雨，烟雾弥漫。在城门洞下，一个砍柴人谈论起一件轰动当地的刑事案件：一个武士在树林中被人杀害了。
>
> 3天前砍柴人进山去砍柴，在山路边看到一顶女人用的斗笠，接着在地上发现一根断绳，再往前走，砍柴人看到17支鸢羽大箭和黑漆箭壶，在一把木梳旁躺着一具武士的尸体。砍柴人赶紧到衙门去报官。差役抓住了杀死武士的强盗多襄丸。多襄丸携带的鸢羽大箭和长弓、桃花马全是被害者的物品。在纠察使署的公堂之上强盗承认因见武士妻子真砂美貌，便骗武士说树林中的古墓

> 发现有古剑，愿意带武士去看。武士中计，随他来到树林中，结果多襄丸将其打倒，捆在树上。然后多襄丸又谎称武士突然昏倒，将真砂引诱到林中，在武士面前，强暴了她。真砂性格刚烈，为了颜面，坚决要他和武士决斗，在23个回合后，威震京都的多襄丸终于杀死了同样武功不俗的武士，"能跟多襄丸斗上23个回合还真不多见。"纠察使署在尼姑庵里找到真砂。在公堂之上，真砂讲述的是另一个故事：她被强盗侮辱后，扑到武士身上哭诉，看到武士眼里从未出现过的能杀人的冰冷眼神后，昏了过去，手中短刀误杀了武士。纠察使署难断真伪，请女巫把武士的灵魂招来审问，武士的灵魂借女巫之身说，强暴事件发生后，真砂唆使强盗杀他，他十分羞耻，拿起短刀自杀的。
>
> 在罗生门下，痛苦的砍柴人说这三个人都在撒谎。砍柴人说，其实他看到了强盗与武士两人的决斗，在真砂的挑唆之下他们才交手的，两人的武艺不像强盗所吹嘘的那样，而是稀松平常，最后武士被多襄丸刺中而死。

这是黑泽明拍摄的《罗生门》的故事。这部电影在1951年的威尼斯国际电影节上获得"金狮奖"，是亚洲电影第一次获得国际大奖。

《罗生门》的魅力在于不同的供词叙述了对同一事件各人不同的结论。供词的不同表面上是因为每个人所处的位置不同，维护的利益不同，深层的原因是人们在追述以往事件的时候，凭借的往往是自己愿意记忆的。

有记者问王永庆："什么是管理？"王永庆说："管理就是报表。"财务里三张主要的财务报表正是试图从不同的角度来全面反映商业活动的实际情况。这三张报表之间互相关联，各有所重。

解读财务报表时,要像《罗生门》里断狱的县官一样,兼听则明,不至于被报表数字误导,决策的失误就会相应减少。

大清真寺里的利润表

休假的时候我去了古城西安。在厚重的长安城墙边上,有一座很大的清真寺,名字就叫大清真寺。一进寺门,左边是一排浴室,再往里走,正中是做祷告的大殿,殿边上立了块石碑,上题"知足常乐",四个字共享一个口字。转过殿角,是内宅。在一堵墙上贴了一张红纸告示,是寺里的财务报表。

收入:		
捐款		xx
法物流通		xx
－成本:		
法物成本		xx
－管理费用:		
行政费用		xx
接待费用		xx
＝余额		x

财务报表的内容包括这一个月来收到的信徒捐款,出售法物礼品的收入("流通"收入),法物的成本,还有所花销的各种费用明细,例如浴室的燃料费、沐浴的水费、寺内的电费和接待阿联酋国代表团的外事费等。收入减去成本再减去费用,就是当月的余额即利润。

这实际上就是一张典型的利润表。

19世纪中叶以后,股份公司的形式从大英帝国开始逐渐普及开来,所有者和经营者开始分离。企业的经营活动越来越复杂。看得见的现金越来越少,看不见的信用交易越来越多。企业的所有者迫切需要了解企业经营的好坏，特别是赢利能力和赢利的分配情况，这时，利润表开始出现。

从20世纪30年代起，世界经济中心转移至美国。企业的筹资方式由银行贷款转变为股票和长期债券。由于长期债券的安全保障更多地取决于企业的赢利能力，投资者开始关注利润表。

为了防止企业将资产重新计价所获得的盈余用于发放股利，美国政府在20世纪20年代做出规定，企业股利的发放仅限于经营利润。第一次世界大战以后，所得税逐步成为美国财政收入的主要来源之一。为了正确计算应税所得，美国改变了原来以年初年末盘存余额为基础的确定收入的方法，开始采用收入实现原则。这一切都使利润表的作用越显重要。

利润表仿佛是一棵树，果实是利润，根基是收入，费用和成本都是枝干和树叶，以保证果实的成长。

收入－成本－费用－利息－税负＝利润

一个企业的利润水平反映了企业经营管理的效果或者说是赢利能力，同时也是对企业经营风险的回报。一个企业的利润如果低于它的资本成本，就是对社会资源的浪费。

利润表经常被用来衡量企业管理者一段时间的表现，有点像政绩工程报告，反映任期内的工作成绩。所有的CEO，以及所有想要成为CEO的人都必须对利润表负责。就算你说你压根不想做CEO也逃不掉的，因为CEO一定会把他所要承担的利润表的责任分解给下面的每一个员工。

看利润表的利润，不只是看数字的增长，更要看利润的质量，明白利润究竟从何而来。不只是了解产生利润的商业模式，更要明白利润背后的人的活动。李·艾柯卡说：管理归根到底就是3P（people、 product、profits，人、产品、利润)。人是首要的，利润只是结果。联邦快递的创始人弗雷德·史密斯也有类似的说法：人、服务、利润，而不是利润、服务、人。

利润表管理

美国的《经济学季刊》介绍说黑社会的贩毒组织也利用利润表系统进行管理。贩毒组织的收入除了毒品交易以外，还有保护费和会费。成本包括毒品的进货开支，费用包括员工的薪金，雇请职业打手的特别费用（每个打手每月底薪是2 000美元左右)，还有购买武器及支付死伤成员的恤费、医药费和安家费等。因为贩毒业的毛利润奇高，以及逃税并且很少有坏账损失，所以通常能取得高额的投资回报。

利润表的费用结构往往体现了企业的战略部署和资源配置。高技术以及需要创新产品的企业，研发费用会很高；正在开拓新市场的企业，销售费用会提高很快；准备在现有市场基础上深入挖掘的企业，往往会提高员工的工资、福利和增加培训费用；企业如果进入衰退期，则会削减存货，停止雇员，在萧条期，就要缩减管理费用，甚至裁减雇员。

通用电气的战略是成为所有涉猎行业的领袖，不是第一，就是第二。它的人力资源管理战略是支付行业内最高的工资，录用最好的人才，并发挥其最大的效率，因而保持了最低的人力成本。

读书要从头看到尾，管理利润表正好相反，从利润开始规划，然后集中一切力量去实现它。从管理者的角度看，在利润表里，越靠近利润的费用越容易控制，越靠近收入的项目越难控制。

一个企业的赢利状况低于期望时，有几种办法可以提高赢利

状况。

第一种办法是企业可以提高销售额，通过增加销量提高利润。这种方法需要时间，因为你必须寻找新的市场或者从竞争者手里抢夺市场。

第二种方法是减少产品成本，同样这也需要时间。你需要研究生产流程，找到效益低的环节，改善流程和工艺，与原料供应商进行旷日持久的谈判。

第三种办法，相对来说最简单，也最容易控制，就是减少日常管理费用，而最容易见效的办法就是裁员。这就是为什么大公司遇到困难时，许多CEO最先想到的也最擅长的就是大刀阔斧地裁员。这种改善利润表的办法速度最快，而且华尔街多半时候也认可，企业的股价和市值都会因为裁员而上升。

我在美国工作的时候，曾亲眼目睹过大石油公司的周期性裁员。一大早，员工刚进办公室，就接到人力资源部的电话，然后进房间谈不了10分钟，就见员工一手拿一只白色信封，另一手拿一个纸盒走了出来。信封里放的是一张公司支票，一笔不菲的遣散费，纸盒是为了装自己的私人物品，当下交接走人。劳资双方心照不宣，办事效率很高。

长远来看，大多数公司裁员的最终效果似乎并不如愿。大幅度削减员工常常以问题多于利润的结果告终。从人力资源管理角度来说，员工对企业忠诚的根基也发生了动摇。传统的企业人自愿或被迫地转变成职业人。

海盗时代的资产负债表

利润表是最常用到的报表,但最早出现的财务报表不是利润表,而是资产负债表,又叫平衡表。利润表几乎人人都看得懂,但是对于专业的财务人员来说,更偏好资产负债表。

19世纪中叶之前,企业的财务报告只有资产负债表。那时候,海上贸易盛行,当然也是海盗的黄金时代。船主一般都要寻找充满冒险精神的航海家作为船长。那时候的船长形象多半是独眼的火枪手,装一条假腿,满眼是沧桑和冷漠。

海上贸易的回报很高,同时风险也很大。这种风险更多体现在资产的安全上,船长的挑战往往是在海难关头决定是弃货还是弃船或是弃人。平衡表列示了资产和负债的详细情况,差异是所有者的权益。船主即所有者最关心的就是年终的净资产,那时的所有者权益即净资产就是赢利的标准。政府也借助资产负债表征税。在德国,有一段时期的税率就是依据债务额和不动产的相对比率来确定的。

资产	
货物	xx
船只	xx
负债	
应付船员报酬或抚恤金	xx
应付关税	xx
所有者权益	
投资+净利	xx

专业人士看资产负债表

既然定义所有者权益为资产减去负债,那么,资产就永远恒等于负债加所有者权益。这就是永恒的资产平衡公式:

资产=负债+所有者权益

就这么简单。这是一个通过同义反复的技巧达到恒等境界的天才创造。马克斯·韦伯说它是人类史上最美妙的发明之一。在数学里，这种自循环的回归方程是有很大问题的，但是在这里它使复式记账法得以贯彻始终。

看资产负债表主要看资产的组成，看债务的结构，看资产与债务的关系即偿债能力。什么样的资产负债表可以被认为是健康的呢？一般来说，要有比较高的流动资产，相对高的净资产，足够的留存利润，相对低的负债。

资产负债表受所在行业特点的影响，像管理咨询培训等服务公司的资产负债表都简单得令人不可思议，没有存货，没有应收款，没有短期借款，没有长期负债，现金占资产的比例很大。

企业的内部审计一般都是从资产负债表开始的。对于审计师来说，资产负债表就像比基尼，它展露出的东西很有意思，但它所隐藏的东西才是关键。

闭上眼睛，像坐在电影院里一样想象资产负债表上的数字，每一个数字的背后都有一系列的流程，都是一个个故事。比如在资产类里，现金有现金管理流程，应收款有应收款管理流程，库存有库存策略，固定资产有固定资产控制办法；在负债类里，能看到公司的付款流程，还有贷款流程；在权益类里，能看到红利分配原则。

资产负债表的缺陷

资产负债表只反映报表当天的财务状况。过了这一天，任何事情都有可能发生。在年底或月底的时候，资产负债表可能会被操纵，比如临时拆借的现金会在报表的第二天像泄洪一样急剧减少。

资产负债表背后的文化

史蒂芬·柯维在讲成功学的时候,也喜欢用资产和负债的平衡做一些形象的比喻。他说,每个人都在别人的心里开设了一个情感账户,你的诚信、热情、正直和爱是存入感情账户的资产,你的自私、失信、贪婪等是情感账户的负债。在他人心目中,衡量你的个人价值可以用权益的概念,即资产减去负债。如果权益值是负数,说明你在别人心目中已经破产。一个在情感上破产的人是不值得投资的。

基督教的人生观是从资产负债表的负债方开始的。基督教的原罪概念相当于人类生来就背负着的负债。为了保持平衡,不致出现负权益,新教伦理要求人们在俗世努力工作、克勤克俭、多积累资产。每个人在天国那儿都有本账,最终都要平衡。

佛教的人生观是从资产负债表的资产方开始的。佛教要求人们尽可能地减少负债,宽容大度,与人为善,别做坏事,功德的积累如同资产的积累。信佛的人说,人生的乐趣是从创造中来的,而很少是从消费中来。换作资产负债表,就表示增加资产的乐趣远大于增加负债的乐趣。

文化差异对资产负债表的结构也有不同的影响。传统的英国式资产负债表将企业的负债列示在报表的左上方,即最为重要的位置上;而美国式资产负债表则将流动资产放置在最显眼的位置上。保守的英国人总是首先观察其负债状况,然后再看其是否有足够的资产去偿还它们。而美国人则倾向于自身企业的完善,即着眼于了解其资产状况,至于观察负债,不过是为了确知其对资产所有权的份额而已。

在20世纪四五十年代,苏联的经济发展重心是重工业,并将大力发展重工业视为其经济的基础。在这种宏观政策下,企业的生产能力是企业财务状况的中心内容。同时，从来源方面讲，政府投入资金占全部资金来源的比重极大。因此，苏联的资产负债表格式便将固定资产与法定基金放在了最重要的位置上。

我们过去计划经济时代的资产负债平衡表公式是：所有者权益＝资产－负债。形式上虽然只是在调整等式左右的排列，但是性质完全不一样。换用那时的语言就是：划拨来的资金＝应用了的资金。国家财政部或其他部划拨资金给企业，企业用来购置资产，按国家计划和任务组织生产，按照国家规定的牌价出售，所有利润，如果有的话，也上缴国家。企业成为一个生产车间，财务自然就简单得多。一般来说，一个会计一个出纳就够了。会计管统计，出纳管现金，如果需要开会应酬再增加一个会说话的科长或主任就行了。结果是，一些企业长期没有专业财务人员，特别是具有独立思考精神的职业财务管理者。

从管理利润表到管理资产负债表

相对于利润表，资产负债表会披露更多的财务信息，这些信息不全是一些简单的加减计算，更多表现的是管理艺术。读福特公司的年报，有近300页的附注，200多页是与资产负债表有关的。

财务报表管理的真正智慧往往体现在管理资产负债表上。

利润表的核心是净利润的增加。从概念上说，净利润的增加必然带来所有者权益即净资产的增加，这自然是好事。但是，实际情况要复杂一些，对管理者来说理解利润是怎样增加的更重要。生产型企业可以通过大量生产、规模效益来降低固定成本，这样会提高产品的毛利润率，增加利润，利润表会很好看，但是资产负债表上会发现存货大量积压，现金被消耗，这种利润的增加不可能持续；销售性企业可以通过大量赊销或者压库增加收入,利润表也会很好看,但是资产负债表上的应收账款激增,这种情况也无法长期持续。

进行资本性投资的时候,比如为了增加企业未来的竞争力进行规模扩张或技术改造,花很大一笔钱购买一套先进设备,这笔投资反映在资产负债表上,在利润表上只是以折旧的形式部分反映,对资本性投资的管理就必须依赖资产负债表。

美国通用汽车的创始人斯隆(Alfred Sloan)在他的回忆录《我在通用汽车的岁月》里说,在市场发展的高峰期(19世纪20年代),我最担心的有三件事,一是投资过分,二是库存积压,三是现金短缺。这三件事都与资产负债表密切相关。

管理资产负债表的目的就是在不增加收入、不减少费用的情况下,改善公司的财务状况。特别是对于利润率比较低的行业,比如零售业、家电业,以及像联想那样的电脑硬件厂商,管理资产负债表尤其重要。

减少应收账款的时间,加快库存的周转期,延长应付账款的时间,这样可以在收入和费用没有变化的情况下,加速流动资金的周转,提高变现的能力,用钱来赚钱。

一家优秀公司的背后一定存在一张强大的资产负债表。

从蓝色包袱账到现金流量表

光有利润表和资产负债表还不够。

1988年7月,美国财务会计准则委员会(FASB)决定把"现金流量表"作为一种新的会计披露方式,与资产负债表、利润表一道向有关信息使用者传递企业的各种会计信息。

计算净现金流量的公式如下:

现金流入−现金流出=净现金流量

实际上,"现金流量表"很早就以蓝色包袱账的形式存在了。以前的商人记流水台账,记录内容主要是当日的进、出货数量和金额。收入的钱减去支出的钱就是盈余,将每天的余额累加起来就能得到一个月的营业结果。那时候还没有保险柜,商家准备一个结实的蓝印花布包袱,钱全收在包袱里,需要的时候就从包袱里往外拿。到月底的时候,把包袱抖出来,仔细清点,跟账本上的数字核对,如果没有出入,现金账就算轧平了。

现代企业现金流量表的编制有两种办法,一种是所谓间接法,从利润表的结果出发倒推现金流的变化;另一种是直接法,跟蓝色包袱账的原理和做法一样,纯粹以现金的流进流出为记账原则。无论用哪一种办法,结果都是一样的。

不过,我个人更倾向并且极力推荐直接法,虽然间接法通过财务系统软件可以轻易获得,但是通过直接法得出的报表更直接,看上去更简单,而简单的东西总是更易于管理。

一般来说,企业经营活动的现金流量越大,流速越快,企业的财务基础越稳固,企业的适应能力与变现能力越强,抗风险能力也就越强。在利润和现金流之间选择的话,投资者更关心现金流。

现金流的基础是收付实现制,不会因为会计标准的不同而有所区别。大多数情况下,利润表要比现金流量表更讨人喜欢。利润表的基础是权责发生制,权责发生制确认收入、支出的时间和现金实际收支的时间有可能不同。利润与现金流变动方向有时会不一致,特别在记账方式调整的时候。比如,固定资产的折旧方法由加速折旧变为直线折旧时,报告上折旧费用减少,利润数字增加,但是现金并没有增加。库存的先进先出法和后进先出法之间相互转换时,利润会受影响,但是现金流也不会有变化。

美国财务会计准则委员会在解释现金流量表的特点时这样说道："现金流量表很少涉及确认问题，因为一切现金在其发生时均已予以确认。报告现金流量不涉及估计或分配。同时，除了对现金流量表中有关项目分类以外，也很少涉及判断。"也就是说改变会计方法一般不会影响现金流量表。一般公司制造假合同比较容易，但是要假造现金流就比较困难，因为公司的现金数字，必须与银行的公司存款余额对账，而银行的内部账必须与所持现金额持平，除非连夜赶制假钞，否则现金额不可能无中生有地凭空多出来。审计现金流量表也很简单，与银行对账单核实就行。这对于假账的制作者来说是个最大的挑战。

> 一位审计师说他就遇到过敢于迎接此挑战的人。他的客户是一家上市公司，与当地的银行经理合作，利用存款做金融投资，结果大亏。在年度审计的时候，银行经理伪造了银行公章，在银行对账单上签名盖章。审计师按照固定的流程审计，原则上不对提供的材料做真伪判断。此事竟隐瞒了3年。直到有一天这位银行经理获得升迁，新任经理上任，这才真相大白。

管理现金流量表

除了日常经营以外，现金也可以从另外两种渠道获得。一是融资，卖股票、卖债券、去银行贷款都可以得到现金；二是投资，买其他公司的股票、买其他公司或者国家的债券都是投资，把多余的厂房设备出租，甚至把多余的技术人员出借，也是投资，投资好的话还可以获得现金回报。管理现金流量表除了管理总量以外，还要关注现金的来源方式。

企业的性质或者经营者的理念不同，现金来源的性质和风险也就不同。做实业的大多会默默耕耘于自己擅长的生产销售，有的企业也会多元化经营，除了二级市场的金融投资外，还会直接涉足金融业作为补充和保障，特别是大型企业，成立金融服务公司或者租赁公司，既可以为客户提供附加的金融服务，促进产品销售，同时也解决了日常经营的现金回笼问题。

我在施乐公司工作的时候，就曾奉命组建中国的租赁业务团队，为客户提供融资租赁。在沃尔沃，同样，融资对于代理商和客户都非常重要，我的很多工作时间都花在跟银行和金融服务公司的沟通协调上，至少比管理财务报表的时间要多。没有金融服务公司推动现金流的快速周转，大型设备行业很难高速发展。

至于现金从何而来，渠道并没有必然的好坏之分。只有一个原则，就是好的现金流入渠道应如同滔滔江水一样延绵不绝，而要做到这一点，源头是关键。朱熹诗中说："半亩方塘一鉴开，天光云影共徘徊。问渠哪得清如许？为有源头活水来。"

源头突然地断流会使企业休克甚至死亡，德隆就是个典型的例子。德隆公司利用各种融资方式进行一系列的资本运作，通过资产并购投资了177家企业。在一片牛市的呼声中，由于央行的一纸规定，使原本紧张的现金链最终断裂，引发了多米诺效应。不熟悉德隆的人都很感意外，因为德隆的业绩即利润表从未有过跳水现象。

2008年第4季度，由于经济危机的影响，全球市场疲软，沃尔沃集团公司出现少见的季度亏损，销售额急剧下滑，利润飘红。利润表和资产负债表都很难看。很多人都担心股价会暴跌，但是，很奇怪的是股价不跌反升。其中一个重要原因是，由于减少开工，严格控制库存，结果现金流开始快速好转，投资者看到现金流量表就放心了。

三大报表的钩稽关系

文艺复兴时代，意大利的亚平宁半岛上住着一个僧侣叫鲁卡（Luca Pacioli），他与达·芬奇同一时代，也有跟达·芬奇一样喜欢观察和琢磨的嗜好。他发现每一项业务的交往都牵扯到至少两个会计科目，于是发明了复式记账法。复式记账法要求每记录一笔交易的时候，都会在两个或两个以上科目之间增增减减（"借贷"）。比如产品卖出去的时候，利润表上的收入会增加，成本也会增加，资产负债表上的库存减少，如果有赊销，应收款会增加，如果现金收进来，现金就会增加。

复式记账法的美丽之处是会计科目之间始终平衡，如果出现不平衡，一定是记账人员在计算或者归类上面出现了错误。这种记账方法的结果使得三张报表之间钩心斗角，互相关联。

概括来说，三张报表的主要钩稽关系用文字表述，就是：
- 资产负债表上期末期初现金的差异恒等于现金流量表上的净现金流量。
- 收入增加，意味着现金流量的增加或者未来现金流量的可能增加。
- 费用增加，意味着现金流量的减少或未来现金流量的可能减少。
- 收入增加，必然引起资产的增加和负债的减少。
- 费用增加，必然引起负债的增加和资产的减少。
- 利润增加，必然引起所有者权益的增加。

- 资产负债表上期末期初净资产的差异恒等于利润表上的净利润。
- 资产帮助增加净收入。
- 负债则减少净收入。

从设计原理上说,三张报表结合在一起基本排除了做假账的可能,审计师如果依据财务准则尽职尽责调查的话,没有什么假账是查不出来的。

> 我在上海滩遇到一位老法师。他已经退休了,在好几家财务咨询公司里挂个顾问的头衔。老法师说,看财务报表就像相人一样。有的人滔滔不绝,但你就是没法相信他。有的人一句话也不说,但你已经懂了他好多。关键是要相中这个人的本质。本质是好的、是健康的,有时偶有差池也没有大的问题;本质如果不好、不健康,再怎么涂脂抹粉都是靠不住的。"看本质就是看这里。"老法师用手指指自己的心窝。

解读财务报表

"怎样解读财务报表?"以前有很多人问我。我便找来几张纸,拿一支笔,还有一个函数计算器,开始诲人不倦地讲解。

我越讲越多,越讲越精神,但是,对方往往越听越厌倦,越听越不想听。我曾经学过新闻学,我知道沟通出了问题,如果不是方式就一定是内容不对了。"我是在解释怎样解读财务报表呀。"我小心翼翼地解释道。很快,我就明白这不是对方想要听的。

很多人真正需要的是在最短的时间内，以最快的速度，通过最简单的方法学会看财务报表。特别是那些投资股票而又相信价值投资的人，他们需要速成法。一切都要快，无论做什么，快是最重要的标准，否则就会被淘汰的。这是时代的要求。

我与各种财务报表打交道十几年，我也一直在苦苦寻找解读财务报表的最简单、最快同时又是最好的办法，可是直到现在我也没有找到。

我想如果这个世界上真有这种速成法的话，从逻辑上来说，必须有一个潜在的前提，就是有这样一个基准，或者说有一个最好的、理想的财务报表存在。任何报表都可以拿来与其相比，这样就可以在很短时间内找到差异，并因此做出这个公司是好是坏的判断，凭此来进行商业决策，投资也罢，经营也罢。

如果能有这样一个样板和楷模就好了。我一直寻寻觅觅，希望自己能够找到，或者管理出这种理想的财务报表，它所反映的所有财务比率都完美，所有的资产负债结构都协调，所有的费用都精简到无可挑剔的地步。然而，我没有找到，也没能管理出。

> 有一天，醍醐灌顶般地，我找到了我找不到的原因，那就是因为最好的财务报表不存在。这个世界上压根就没有这样理想的标杆。我不再相信会有那种号称几分钟或者几个小时或者几天就能学会的解读报表的方法。

比率分析是解读财务报表的一种很有效的手段。但是，要想在很短的时间内，仅凭报表的几个数据或者比率就对企业的财务状况下判断，是不可能的。这种解读方法无非是断章取义，会严重误导报表使

用者的。我的个人经验是解读这些智慧的结晶，需要足够的时间和耐心，我没有找到更好的捷径，只有一些原则作为参考。

- 读财务报表不能只读一种报表。至少三张主要的报表都要看，否则就像瞎子摸象，会被片面的真相误导。
- 读财务报表不能只读一期的报表，比如一个月或者一个季度。一期的报表里可能会隐藏很多一次性的结果。企业的经营像流水一样持续不断，要想了解真相，往回追溯一定长的时间是个比较好的办法。往回看得越远的人，就有可能往前看得越远。
- 读财务报表不能只读一家公司的报表。了解竞争对手很重要，你不需要最好，但是需要至少比竞争对手好一点儿，至少在某一些方面。
- 读财务报表不能只读一个行业的报表。分析产业链的上下游行业，能使你更明白自己的状况。你可以在网上找到相关行业的平均比率，作为比较时的参考。
- 世界是平的，一个国家的经济发展又与世界其他国家紧密相关。读财务报表有时还需要关注世界经济形势，比如对于环保和新能源的要求，促使一些相关企业不惜以牺牲利润为代价，加大新能源方面的研发成本。
- 另外，读财务报表不能只读数字不读注解。注解的字体一般都比较小，但却非常重要。财务报表里最重要的部分即假设条件，一般都在注解里。
- 还有，读财务报表不能只读过去不读将来。对于投资者来说，现实不那么重要，更重要的是未来。只有知道下一步会发生什么，才可能知道下一步应该做什么。

第10章

生死比率

比率分析是一种最有效的财务分析方法。也许比率分析难以帮你找到问题的正确答案,但是它能够帮助你问出正确的问题。

速率杀人

> 好莱坞有部电影专讲速率杀人。《生死时速》里的退休警官培恩为了对这个不公平的社会进行报复,在一辆满载乘客的巴士汽车里安装了定时炸弹。只要车子的速度一旦超过每小时50英里就不能再减速,否则便会引起爆炸。车厢外蓝天白云,景色优美宜人,汽车却保持着高速在公路上穿梭,炸弹随时可能爆炸的阴影笼罩在车内每一个人心头。这部电影的故事很简单,但是节奏扣人心弦。这里的速率本身成了杀人的工具。

财务分析里最常用的方法就是利用各种财务比率进行分析。比率能够帮助挖掘财务报表里的深层东西,企业经营状况的任何变化都会最先反映在财务比率的变动上。

最早的比率分析出现在银行领域，主要是为了帮助银行家判断借贷的风险。资本市场形成后，财务比率成为投资人手里的罗盘，他们往往通过比率分析预测投资风险，决定是否投资。公司组织发展起来后，财务比率扩大到内部分析，为改善内部管理服务。

不比不知道

这是一个常识性的测试，如果是用眼睛看而不是用心去数，人类能够一眼看到的数一般最多是4个，有些人可以看到5个，超过5个以上的东西就必须用心去数了。在20世纪初，生活在中南非的一些土著人对数字的理解还是停留在1和2上。超过4以上就算很多，只能用头上的头发表示了。据说0是最后一个被人类发明的数字。

当金钱从具体的实物货币走向纸币和电子货币的时候，抽象的财务数字出现了。而且数字越来越大，量变导致了质变。对很多人来说，财务数字好像走上了一条不归路，脱离了它本来代表的实物，而走向纯粹的数学数字，结果是越来越多的人看不懂财务数字。

不比不知道。财务的比率分析一是纵向的历史比较，二是横向的行业比较，三是比较财务数据之间的内在结构关系。如同《达·芬奇密码》一样，比率分析是财务里的符号分析学。

IBM的广告利用张衡发明的地动仪说明实时响应能力。当地震波到达时，地动仪内部的一根立柱就会倒向发生地震的方向，该方向的龙嘴随之张开，吐出一个小铜球，掉到下方的蛤蟆口中，给人发出地震的警报。财务比率也有类似的预警作用。

财务比率可以有很多种，一般常用的也有十几种。实际上如果你愿意，你可以做任意的比率计算，只要你能明白比较的意义。比如在马克思的政治经济学中，马克思把商品价值划分为三类，就是固定资本、可变资本和剩余价值，把利润率定义为剩余价值与固定资本和可变资本的比率。如果使用更多的机器即固定资本和更少的工人即可变资本的话，分母增大，比率即利润率将会减少。这与我们现在理解的通过对固定资产的投资增加利润率的常识相违背。其中的根本原因是，两个利润率的概念不同，现代企业定义的利润率是利润与销售额的比率，与机器和工人没有直接关系。

我个人最喜欢使用的是一种很简单的比率分析方法，就是把财务报表里的所有数字都除以销售收入。在利润表上，可以看出每卖出100块钱的产品或服务，成本是多少钱，各种费用多少，最终能赢利多少，这样可以很快发现利润被哪种费用消耗掉了；把资产负债表上的所有数字都除以销售收入，可以看出每卖出100块钱的产品或服务，多少资产比如应收款或存货被利用了，或者多少借款被占用了。

最常用的四种比率

> **财务智慧** 财富500强美国公司最常用的四种财务比率
> **流动比率**：是流动资产与流动负债的比率。
> **负债权益比**：指长期负债占股东权益的比率。
> **利润率**：指利润占收入的比率，包括毛利润率和净利润率。
> **净资产收益率**：也叫权益报酬率（ROE），是净利润与股东权益的比率，它衡量公司股东每一块钱的赢利。

第一种是流动比率，是流动资产与流动负债的比率。 为了有能力偿还短期借债，流动资产一般应该是流动负债的1.5～2倍，流动比率为1.5:1～2:1。为什么流动资产要比流动负债多出50%～100%呢？主要是因为流动资产中的存货的变现能力相对弱。如果去掉存货，剩下的如现金和应收账款，一般只要略大于流动负债就可以了，否则的话，日常的现金流就会出现问题。这种测试方法也叫酸性测试，好像化学里的PH值试纸一样。

$$流动比率 = \frac{流动资产总额}{流动负债总额}$$

流动比率如果超过2倍会不会更好呢？对于短期债权人来说，流动比率自然是越高越好，表示偿债能力越强，但是对于公司股东来说，过高的流动比率可能是个负面的信号，显示公司的资产运用过于保守，造成了不必要的资金浪费。

第二种比率是负债权益比，指长期负债占股东权益的比率。 股东权益的来源有两个：一是股东的资本投资；二是企业赢利。负债权益比反映的是资产负债表中的资本结构，显示财务杠杆的利用程度。

负债权益比也是一个敏感的指数，太高了不好，债务风险太大；太低了也不好，显得资本运营能力差。在美国市场，负债权益比一般是1:1，在日本市场是2:1。行业不同，财务杠杆的利用程度也不同。去银行借款时，银行家看重的就是负债权益比，长期负债如果超过净资产的一半，银行会怀疑企业还贷的能力。许多公司的资金链条之所以突然断裂，一个重要原因就是因为负债权益比太高，银行不敢再向其融资了。

$$负债权益比 = \frac{长期负债}{所有者权益}$$

第三种是利润率,包括毛利润率和净利润率。毛利润率指毛利润与销售收入的比率,毛利润率反映的是产品本身获利空间的大小。净利润率指净利润与销售收入的比率,反映企业经营活动的赢利能力。利润率是利润表的重要指数。

$$利润率 = \frac{销售利润}{销售收入}$$

在餐馆吃饭时,精明的人最不常点的是什么?那就最好看看菜单里毛利率最高的是什么。鲜榨果汁的毛利率可以高达90%以上。在超市中,买什么东西最划算?那就最好看看什么东西性价比最高,即相对毛利润率最低。超市的自有品牌产品,往往因为跳开中间环节,成本会低一些,同时要与有品牌的产品竞争,在同等质量的条件下价格要低很多。

利润率高对于企业来说自然是件好事。但是,利润率并不等于利润。过度追求利润率,容易走入另一个陷阱。20世纪70年代的施乐公司曾经醉心于复印机的高利润率,不断开发速度更快、功能更多、毛利润率更高的机型,结果忽视了资产的周转,忽视了市场,最终并未能带来预期的高利润。

世界上最富有的公司不是那些有超高利润率的高科技公司或房地产公司,而是传统的零售店沃尔玛。沃尔玛的口号是"每天低价",赢利靠得正是规模效应和快速的周转率。

在以贸易为主的企业里,还有一种类似的比率叫加成率(mark up)。比如批发买进100块钱一副的太阳镜,你加上50元毛利润,以150元的价格卖出去,这时你的加成率是50%(=50/100),以进价为分母;而你的毛利润率只是33%(=50/150),以售价为分母。

第四种是净资产收益率,也叫权益报酬率(ROE),是净利润与

股东权益的比率，它衡量的是公司股东每一块钱的赢利。俗话说的"一本万利"指的就是10 000:1的净资产收益率。对于投资者来说，一个项目或金融产品是否值得投资，衡量的一个重要标准就是净资产收益率，15%是很多投资者的平均目标，这是10年期长期国债利率的3～5倍。紧抱价值投资原则不放的巴菲特最看重的财务比率就是净资产收益率，他所管理的资产公司平均年收益率都在30%以上。

$$净资产收益率 = \frac{税后净利润}{股东权益}$$

净资产收益率将利润表和资产负债表联系起来，揭示经营与投资的关系。巴菲特不满足于仅仅做投资家，他也以公司股东身份介入公司的管理。企业家应该像投资家一样管理企业，投资家也应该像企业家一样做投资。

在巴菲特看来，要提高净资产收益率并不复杂，只需要采取以下措施就可以了：

1. 加快资金周转；
2. 增大毛利润；
3. 少交税；
4. 增大杠杆效用；
5. 利用廉价的资金。

发明标准成本方法的唐纳森·布朗在加入通用汽车公司之前，曾是杜邦公司的一名销售人员，做过多年的销售工作。当时杜邦公司管理层迫切希望能够寻找到一种衡量企业经营效率的办法，唐纳森发现净资产收益率与销售利润率、资产周转率、负债权益比存在正相关的联系，于是设计了一种直观的实用方法，就是著名的杜邦分析法。它的基本原理是将股东权益报酬率（ROE）分解为多项财务比率的乘积：

$$ROE = \frac{净利润}{所有者权益}$$

$$= \frac{净利润}{销售收入} \times \frac{销售收入}{总资产} \times \frac{总资产}{所有者权益}$$

$$= 销售净利润率 \times 总资产周转率 \times 财务杠杆$$

这样，管理者就可以有三个办法来调控ROE：一是单位销售收入挤出的赢利，即利润率。利润率越高，ROE越高；二是已动用的单位总资产所产出的销售收入，即总资产周转率；总资产周转率越快，ROE越高；三是用以为总资产提供融资的资本数量，即财务杠杆。财务杠杆的比例越高，ROE也就越高。这三种办法可以像拳击一样组合使用。

杜邦分析法后来被很多公司包括通用汽车公司采用，成为一种管理公司赢利能力和股东权益回报水平的有效方法。唐纳森本人也因这一方法的发现在杜邦先生亲自指令下正式转入财务部工作，职位是初级的司库助理，后来斯隆慧眼识英才，把他招至通用汽车公司出任财务副总裁。

通过提高利润率，加快资金周转以及合理利用财务杠杆可以提高净资产收益率。不过，当一个公司获得经常性的较高的股东权益报酬率时，它就会像一块磁铁，吸引竞争者急切地想要与之竞争，当竞争者进入市场后，增大的竞争压力使成功公司的股东权益报酬率回到平均水平。反之，经常性的低股东权益收益率会吓跑潜在的新竞争者，也会淘汰掉部分现存的公司，这样经过一段时间后，幸存下来的公司的股东权益收益率上升到平均水平。

> 用不着法律干预，个人的利害关系与欲望，自然会引导人们把社会的资本尽可能按照最合适于全社会利害关系的比例，分配到国内一切不同的用途。
>
> ——亚当·斯密，《国富论》

亚当·斯密的自由经济思想特别强调市场机制"看不见的手"的调节作用。他认为，如果某一行业的投资太多，利润率的降低会纠正这种错误的分配。亚当·斯密在这里说的利润率，更准确地说就是指权益报酬率。

比率问题

> 电影《雨人》是汤姆·克鲁斯和达斯汀·霍夫曼联袂主演的感人电影。影片中，达斯汀·霍夫曼饰演哥哥雷蒙。雷蒙患有严重的自闭症，无法与人正常沟通，但却是个数字天才。雷蒙的经典台词是："1是坏的，2是好的。(One is bad, Two is good.)"数字表达的是珍贵的手足之情。

我在做财务分析工作的时候，几乎每天甚至在梦中都在与各种比率打交道。在食品公司工作的那段时间，有许多品类（SKU）的毛利润率很薄，有的真如剃须刀片一样薄，稍不注意，就会算出负值来。如果毛利润率连续几次为负值，这个品类将被淘汰。如果是由于财务上的计算错误，特别是利用了错误的预测假设，那么一个实际上赢利的产品就会被人为葬送。生死之道，真的就在这尺寸之间。

比较财务比率的异常变化还可以帮助投资者过滤一些虚假的财务

信息。据说，几年前"蓝田神话"的破灭也是从比率分析开始的。湖北这家以养殖、旅游和生产饮料为主的上市公司，1996年发行上市以后，在财务数字上一直保持着神奇的增长速度，总资产规模从上市前不到3亿元发展到2000年年末的28亿元，增长了9倍。2000年年报以及2001年中报显示，蓝田股份的平均毛利率高达46%左右，而同一行业的平均毛利率只有20%。比率证明蓝田在讲神话了，最终引起了大家的怀疑。

财务比率不能一下子提供给你正确的答案，但是却能帮助你理清思路，问出正确的问题。

不过，比率有时也会被操纵。某些金融机构为了降低不良贷款率，争取早日上市，会采用一些人为的方法，比如大量增加贷款投放来做大不良贷款率的分母，或者通过借新还旧的办法缩小不良贷款率的分子。如果单纯使用一种比率，常常会被误导。

第11章

智慧是知道下一步做什么

计划是智慧的表现。下一步做什么不是"因为这样,所以那样"的结果,而是"为了那样,所以应该这样"的目的。

救赎的故事

斯蒂芬·金的名著《肖申克的救赎》被好莱坞改编成电影,并获得过奥斯卡奖。

肖申克是美国20世纪30年代戒备最森严的重刑犯监狱。电影是根据一个真实事件改编的,故事就发生在肖申克的监狱里。狱中的老黑人瑞德扮演着一个与其说是龙头老大不如说是供应链企业家的角色,他能帮你弄到你想要的任何东西:香烟、糖果、美女画像、歌剧唱片,甚至地质学家才会用到的岩石镐。有一天,一个年轻的白人银行家安迪被押进肖申克。安迪因为谋杀其妻的指控被判无期徒刑。两个背景截然不同的犯人在与狱方的斗争中建立了一种深厚的友谊。安迪坚信自己是无辜的。在申辩绝望之后，安迪开始计划越狱。在肖申克，从未有过越狱成功的先例。残暴的监狱长以此为骄傲，这是对安迪越狱的最大挑战，但也是安迪的最大资源。安迪的专长是会计簿记，申报税单以及筹划退休金。他的名声很快在当地监狱系统的官员中间传播开来。安迪因此获得了一些活动的空间。在瑞德的默默观察下，安迪的越狱计划在悄无声息地进行。安迪的墙上一直挂着电影明星的大剧照，他开始爱好石雕艺术，每天放风的时候，他总会从裤管里抖出一些泥土。在监狱图书馆里，他伪造了身份证件。他厚厚的圣经被挖空，成为最安全的保险箱。十几年过去了。终于在一个漆黑的暴风雨的夜晚，安迪使不可能变成了可能。他成功地越狱了。不仅如此，他还转移了监狱长的非法所得，并且使犯人安迪从世界上消失，而以一个全新的形象出现在阳光灿烂的南部海滨。

我看《肖申克的救赎》的时候是在1994年11月底，当时还在美国工作，公司整个财务部正在为1995年的预算忙得不可开交。这部电影让我明白预算的目的性的重要。《肖申克的救赎》与一般越狱电影的区别是，越狱并不是安迪的目的，而自由，精神上和财务上的自由，才是"肖申克的救赎"的意义。

下一步该做什么

智慧是什么？智慧是先知，先知就是提早知道下一步该做什么。"回到未来"在银幕上是科幻，但是在商业实践中，未来在某种程度上就是被你我创造出来的。

企业的未来落在财务上就是财务计划或者叫预算。

孙子说："夫未战而庙算胜者，得算多也；未战而庙算不胜者，得算少也。多算胜，少算不胜，而况于无算乎！"一个叱咤风云统率千军万马的大将军在大战前夕，都得关在中军帐中算来算去，粮草、辎重、兵力等都要算清楚，这样决战时的赢率才会大。商场如战场，没有企业会去计划失败，但是失败的企业往往都是因为没有把计划做好。

预算管理是企业内部管理和实现未来目标的一种主要方法。这一方法自从20世纪20年代在美国的通用电气、杜邦、通用汽车公司产生之后，很快就成了大型企业的标准作业程序。全面预算管理处于企业内部控制的核心地位，它是为数不多的几个能把组织的所有关键问题融合于一个体系之中的管理控制方法。预算的目的性很强，它为企业内部不同部门之间的沟通提供了一个最有力的工具。

预算的思维与日常的"因为这样，所以应该那样"的因果式直线思维不同，预算更多是"为了那样的目的，所以应该这样做"的"目的-手段"式思维。目的是预算的核心。要先瞄准，再射击。

先射击再瞄准的成本有时会高得惊人。我家门口的人行道不知道被挖开过多少次，起初是换新地砖，后来发现新铺的地砖下雨天打滑，于是换不打滑的地砖，没多久，要加盲人道，又换一次。整个人行道像是装了拉链，随时准备开合。

财务预算在企业中的应用非常普及。据调查，编制预算的企业比例在美国是91%，在日本是93%，在英国、荷兰等欧洲国家是100%。按照预算的目的暨重要性排列，在美国企业，依次是投资收益率、经营收入和生产成本。在日本企业，则是经营收入、生产成本和投资收益率。无论是美国企业还是日本企业都把预算作为员工绩效考核的标准。

有位企业家在电视上说:"我们是从不做计划的,因为我们所在的行业高速变化,计划永远赶不上变化。"实际上,这位企业家所说的计划是指计划文件,纸上的东西,是名词。而真正的商业计划和预算是存在心里的,是动态的,是动词。

斗智斗勇编制预算

开始编制预算的感觉有时就像江南的晒梅(霉)一样。梅雨季节过后,家家户户会把衣物从一年都未曾好好整理的衣柜里翻出来,拿出去晒。同时,这也是一个重新整理的过程:有时你会突然发现过去塞得满满登登的衣柜原来还有很多额外的空间,有时一些已经被你遗忘的、有价值的东西会突然出现在眼前。

预算季节开始的时候,首先是要检视自己的现状,做SWOT分析,确定企业各部门共同追求的目标。在最初阶段,整个过程大部分是定性分析。

接着,全体员工将第一阶段制定的目标转化为一整套分部门的内部行动措施。如果目标是在今后一年里将产品的市场份额至少提高20%,那么第二阶段要明确规定分部门的管理层必须做什么才能达到这一目标。

在计划程序的第三阶段,制定出一套定量的计划和预算,包括经营预算和资本预算。资本预算习惯上指那些昂贵的固定资产支出,经营预算则包括要发生的日常费用,如原材料、市场推广、行政、差旅、工资等。

由于预算通常与目标以及业绩考评挂钩,因此预算的制定和执行过程又是个斗智斗勇的过程。预算的难度和管理人员的努力程度成一定的正相关关系。适当的预算难度会激发人的工作热情，好的目标是需要跳起来才能够得着的。但是如果目标超过一定的难度限制，即使跳得再高也有够不着的时候，反而会造成挫折感。

打破预算

杰里米是哈佛商学院的教授，他与人合作写了本书，叫《超越预算》。在书里，他提倡建立一种鼓励经理灵活应对短期动荡和灵活配置资源的新型管理体系，来取代以前的年度规划和资源配置。因为很多传统预算里都包含了严格限制成本的计划，妨碍了经理人灵活调整战略和抓住新的机遇。

为了防止明年的预算被削减，经理人在年底时会想方设法把口袋里的最后一分钱花掉，而不管最后时刻的花费是否能为企业创造价值。杰里米认为预算甚至会导致更加直接的渎职行为，因为工资和奖金经常与满足预算目标的能力挂钩。当费用和目标成为企业的制度时，员工只会按照预算来支配自己的行为，而不是挑战它。如果没有预算，他们也许能积极主动地提出改革的建议。

现在越来越多的企业发觉了传统预算的局限，对于小型企业，快速应对变化的环境是这种公司的生存之本，预算必须要有足够的弹性。在预算执行的过程中，需要对下一周期的目标做滚动预算。根据前期销量、当期预算、自然因素、政策因素等变化更新预测，从而调整生产、库存、物流等指标。

财务的所有工作几乎都是基于历史性来展开的。通过历史来预测未来是一项很大的冒险，相当于开车时回头看一样。回头当然不是我们的目的，我们的目的是通过回顾历史寻找前进的内在规律，最终到达目的地。回头看只是为了确认我们走在一条正确的路上。看多一点，看深一点，这样才能看远一点。

在足球场上看小朋友踢足球，球被人踢了一脚，所有的小朋友都会争先恐后地跟在足球后面跑，可总也踢不到球。职业球员在足球场上也是争先恐后地跑，不过不是去追球，而是跑向足球即将要飞去的位置，去等足球滚落到自己脚下。

> 有句话这样说：已经发生的事和将要发生的事，相对于发生在我们内心的事，都不重要。(What lies behind us and what lies before us are tiny matters compared to what lies within us.) 电影《印第安纳·琼斯》中，印第安纳·琼斯被坏人追到万丈悬崖边上。在电影里，他总是被人追杀，不是为金钱就是为爱情。"前面应该是有座桥的。"印第安纳·琼斯对自己说，"前面一定会有桥的。"他坚信桥就在他的脚下。于是，他伸出脚，向万丈悬崖踏去，就在这时，一座木桥如彩虹一般横空出现，横躺在他的脚下。

第12章

回到未来

> 回到未来的重要标志是货币的时间价值,这是财务最重要的原则之一。

货币的时间价值不同于时间的货币价值。后者一般指咨询行业按小时或人天收费的经营方式,咨询公司把时间作为资产对待,出售多少,时间的货币价值就值多少。而前者指的是,未来的货币价值总是小于现在的价值。

正是因为人们发现今天的一块钱会比一年以后的一块钱更值钱这样一个简单的道理,才使得财务管理的价值超越了传统的会计工作。现代企业的财务管理不仅仅只是编制财务报表,记录已经发生的经营活动,而且要积极进入对未来的投资及融资管理中。

为什么货币会有时间价值呢?直观的理解是现在的钱越来越不值钱。10年前,看一场电影只要5毛钱,现在要50块钱,在好的影院遇到好的影片甚至要90块。经济学家一般从消费占收入的比例或者通货膨胀的角度来解释这一现象。但是,即使消费品价格指数是负值,货币不是贬值而是升值，货币的时间价值仍然存在。资金无时无刻无处不在的机会成本，是用于此后就不能用于彼的代价。投资收益的存在使资金具有增值的可能，从而使得货币具有了时间价值。

怎样量化货币的时间价值呢？假如你现在手头有100万元现金，你可以有下面四种选择：

A. 埋在地下、藏在鞋盒子里或者天花板上，一年后，还是100万元。

B. 选择定期存款，年利率2%，一年后价值增值为102万元，去掉20%的利息所得税，差额为20 000元；

C. 购买企业债券，年利率5%，差额为5万元；

D. 选择购买股票，预期收益率为10%，差额为10万元。

同样是100万元，投资方案不同，在一定时期内的价值差额也不相同，以哪一个为货币时间价值的标准呢？财务上，以没有风险没有通货膨胀条件下的社会平均资金利润率为标准，一般以存款的净利率为准，或者在通货膨胀率很低的情况下以政府债券利率表示。在这个例子里，100万元一年的时间价值是16 000元。

荷塘叶色的复利计算

反映货币时间价值的基本财务概念是现值和终值。终值表示现在的投资在未来的价值，现值刚好相反，表示未来的现金流折算到今天值多少钱。计算现值、终值时就需要了解复利的概念。

初夏时节，西湖荷塘边的柳树叶颜色一天比一天绿。嫩绿的浮萍开始零零星星地出现。起初是一片两片，每天都在增多，但是慢慢地增加，让人等得心焦。一直挨到蝉声四起的时候，一半的荷塘还是空荡荡的。就在这时，奇迹便会发生。一夜之间，仅仅只需要一个晚上，绿色的浮萍会突然全部占满水面，几乎不留一点空隙。浮萍是以指数增长的形式分蘖的。这是自然界的复利现象。

> 很多人小时候都曾经有过小储蓄罐，小胖猪形状的，背上开一条小缝，只能往猪肚子里存钱不能往外取。有一次，我在商场看见有卖抽水马桶状的储蓄罐，丢进硬币时，马桶就发出哗哗的抽水声，果然是视金钱如粪土。实际上，如果你能够每天成倍地往马桶里丢一分一分的硬币的话，结果是很惊人的。就是说，第一天丢进一枚硬币，第二天丢进两枚，第三天四枚，第四天八枚，一直继续下去，如果你能有毅力坚持一段时间，不要求你坚持十年八载，甚至也不要求你坚持三五个月，只要你能按这种方法严格执行一个月，区区一个月。到了月底，你的马桶如果还没有爆裂成碎片的话，将昂贵无比，你会在一夜之间成为百万富翁，而且是5个百万富翁，因为马桶里面已经有了5亿枚一分钱的硬币。

这就是复利的威力。所谓复利，是指不仅本金要计算利息，利息也要计算利息，即通常所说的"利上滚利"。爱因斯坦说："复利的计算是人类世界的第八大奇迹。"

利用复利计算终值和现值的数学公式是：

$$复利终值 = 现值 \times (1+i)^n$$

$$复利现值 = 终值 \times (1+i)^{-n}$$

i是年利率或者叫折现率，n是年数。

举个例子，如果你把100元存入银行，利息率为10%，5年后的终值就是：$100 \times (1+10\%)^5 = 161$（元）。另一个例子，如果你计划在3年以后得到400元，利息率为8%，现在应存金额就是：$400 \times$

$[1/(1+8\%)^3]=317.6$（元）。

计算现值、终值等的最简便的工具是金融计算器或电脑软件，如微软的表格软件EXCEL的函数计算就内置有上述的计算公式。

另外一种快捷的方法是利用"72法则"来处理有关倍增的复利问题。"72法则"计算起来很简单：用72除以投资年限n，就得到了近似的利息率i，该利息率将保证使投资的资金在n年内增加一倍。公式是：

$$72/n=i$$

对于我们日常遇到的大部分利率问题，"72法则"都给出了使资金双倍增加所要求的利率或投资期数。例如，在每年复利一次的利率条件下，要使资金在5年内倍增，必须要求利率达到72/5=14.4%。同样，把资金按6%的利率存入银行，只要过72/6%=12年就能使资金倍增。尽管它不准确，但是对于那些近似计算的资金倍增问题，"72法则"是相当方便的。

学会计算复利对于投资者来说很重要。不仅可以计算存款利息，也可以计算股票的价格。投资股票的本来目的是为了获得每年定期或不定期的企业利润分红或者叫股利。未来累积红利的折现值就应该是今天股票的合理价格。当然，股票投机是另一回事，那是另一个游戏规则，投机市场是由供求关系或者信息不对称决定的。同样，债券价格也可以通过折现来计算，把股票价格计算中的红利改成利息，再加上本金就可以计算了。

百万富翁和按揭买楼

在中国，随着投资机会的增多，机会成本越来越高，货币的时间价值显得越来越重要。有人甚至预测未来用以衡量价值的货币将不再是货币,而是时间。

根据时间价值的原理,利用复利的特性,成为百万富翁的梦想将变得不再困难。这里有三个简单的致富计划:

- 计划1,每月将500元投入到回报为10%的投资产品中(如投资基金和股票),30年后,你就会成为百万富翁。
- 计划2,每月将2 500元投入到回报为2%的投资产品中(如银行存款),26年后,你就会成为百万富翁。
- 计划3,每月将1 000元投入到回报为5%的投资产品中(如投资基金和债券),33年后,你就会成为百万富翁。

由此不难发现,时间长度和回报率决定了时间价值的大小,特别是时间长度。能够活得最久的人一定是最富有的。

时间价值原理广泛应用于企业的价值评估、项目投资预算、债券价值评估、股票价值评估等。美联储的前主席格林斯潘曾呼吁说:"应该提高美国小学生和中学生的金融基础教育,达到金融扫盲,使年轻人避免做出盲目的财务决策。例如对计算复利的数字公式的理解,将会使消费者知道,某些信贷计划可能造成灾难性的后果。"

按揭买楼一般银行提供两种供选择的还款办法:一是等额还款法,即按月等额归还借款本息;二是等本金还款法,即按月平均归还本金,借款利息逐月结算还清。

两种还款法由于占用银行的资金在时间上有差异,归还利息在时间上有先后,所以两种还款法分别累计的还款本息总额会相差较大。但是如果考虑货币的时间价值,以两种还款法的货币终值进行比较,它们的终值是一样的。

用钱赚钱的幸福生活

美国的电视脱口秀节目主持人拿比尔·盖茨的教育背景开玩笑说:"比尔大学辍学,一张本科的文凭也没有拿到,我们真担心他的钱花完以后,接下来的生活该怎么办?"我曾与人讨论幸福的定义,其中有一条一致公认的是财务自由。财务自由不是指坐拥金山,那迟早有坐吃山空的那一天。

财务自由指的是投资的自由现金流,是用钱赚钱。你整天辛辛苦苦赚钱,可你的钱却整天躺在银行里休闲。为什么不调换一下,让你的钱辛苦去赚钱,然后你去享受休闲的幸福生活呢?

判断一件事值不值得做,一个项目值不值得投资,最重要的是看它所能够带来的回报。一个很简单的方法,就是看多久能够回收投资。"一茶一坐"按照2005年的经营计算,它的回收期只需15个月。而相同规模的中餐厅则需要30个月。很多买房出租的人就是靠测算租金的收入多少年之内能够收回房款来决定投资的,一般为8~10年。

> 《管子·修权》中说:"一年之计,莫如树谷;十年之计,莫如树木;终身之计,莫如树人。一树一获者,谷也;一树十获者,木也;一树百获者,人也。"管子的意思就是种稻谷的回收期是一年,回报100%;种树的回收期是10年,回报1 000%,实际上年回报率也是100%;培养人的回收期是一生,回报10 000%,以有效人生50年计,平均年回报率是200%。

回收期的计算只与现金的净流量有关。这种方法简单实用,有时掰掰手指头也算得出来,但是有一个致命缺陷,就是忽略了资金的时间价值,特别是在复杂的大型项目中使用这种办法会导致决策错误,因此专业财务人员一般不用。

专业财务人员自然得使用专业的方法，就是利用时间价值原理，测算一个项目未来现金流的净现值，这种方法叫现金流折旧法（discounted cash flow，DCF）。DCF是投资分析的最基本工具，也是决策分析最常用的方法。

净现值（NPV）等于预期未来每年净现金流的现值减去项目开始时候的投资支出。投资的原则是净现值越高越好，绝对避免净现值为负数的投资活动。零净现值的活动被看作是临界点，因为它既不创造财富，也不毁损财富。

净现值法在判断一个项目是否可以投资时特别管用。但是在两个或更多可以投资的项目的诱惑之间进行取舍时，就要看哪个项目的投资回报率更高。

这时，可以使用另一种专业方法，就是内部报酬率法。用内部报酬率可以回答投资收益率是多少的问题。投资方案的内部报酬率（IRR）被定义为使投资的净现值等于零的贴现率。

用于与内部报酬率做比较的是公司资本的机会成本。如果投资方案的内部报酬率大于资本的机会成本，则投资项目有吸引力；如果内部报酬率等于资本的机会成本，则投资项目是两可的。在大多数情况下，这种内部报酬率法和净现值法会得出相同的投资建议。

公司价值

"一定得选最好的黄金地段，法国设计师建就得建最高档次的公寓。电梯直接入户，户型最小也得400平方米。什么宽带呀、光

> 缆呀、卫星呀，能给他接的全给他接上。楼上边有花园儿，楼里边有游泳池，楼里站一个英国管家。戴假发，特绅士的那种。业主一进门儿，甭管有事儿没事儿都得跟人家说：'May I help you, sir？'，一口地道的英国伦敦腔儿，倍儿有面子。社区里再建一所贵族学校，教材用哈佛的，一年光学费就得几万美金。再建一所美国诊所(儿)，24小时候诊，就是一个字儿：贵。看感冒就得花个万八千的，周围的邻居不是开宝马就是开奔驰，你要是开一日本车呀，你都不好意思跟人家打招呼。你说这样的公寓，1平方米你得卖多少钱？我觉得怎么着也得2 000美金吧。2 000美金，那是成本，4 000美金起。你别嫌贵，还不打折。你得研究业主的购物心理，愿意掏2 000美金买房的业主，根本不在乎再多掏2 000。什么叫成功人士？你知道吗？成功人士就是买什么东西，只买最贵的，不买最好的。所以，我们做房地产的口号儿就是：不求最好，但求最贵。"

这是电影《大腕》的台词片段，"不求最好，但求最贵"是价格的社会心理问题。实际上，贵贱是价格协商问题，好坏是价值判断问题。

就像个人对自己的身价感兴趣一样，企业对自己在市场上值多少钱也很感兴趣。一些企业是为了收购兼并的目的，需要知道如何评估企业价值；另外也有些企业是为了更真实地认识自己，需要知道自身的价值。

早在1958年，莫迪利安尼（Modigliani）和米勒（Miller）发表了一篇学术论文，叫《资本成本、公司理财与投资理论》。他们认为，企业价值的大小等于按其风险程度相适合的折现率对预期收益进行折现的资本化价值。换句简单的话说，就是先算出企业未来5～10年或者更长时间内每年挣多少钱（现金流），然后，利用现金的时间价值原则，将未来的收益进行折现，就能算出这个企业现在值多少钱。

另一个大学教授夏普（Sharpe）设计出资本资产定价模型（CAPM）[一]，这是个数学公式，用于对股权资本成本的计算，大大提高了折现率确定的理论支持。夏普因此获得过诺贝尔经济学奖。一直到现在，尽管每年都有人跳出来挑战它，但是这个公式还是像爱因斯坦的$E=MC^2$那样在金融领域被广泛使用。

在美国，这种利用未来现金流的折现评估企业价值的方法使用得最普遍。十几年前我参与的第一个收购项目就是利用10年的现金流预测来折算被收购对象的现在价值。这种方法的最大挑战是对未来的预测，以及选用折现率。未来不只是在我们的心中，更被市场的走向左右。对未来的预测需要综合市场、销售、生产、服务各部门的智慧，这是一场艰巨的脑力练习。对市场的认识越深入，对自身的优势、劣势认识得越深刻，预测才能越准确。选用折现率则纯粹是财务问题，是企业以及行业对投资回报的最低要求。

在国内，这种方法虽然也在使用，但是只是作为参考，可能是因为国内的发展速度太快，未来太难预测，国内企业仍然习惯于眼见为实。国内价值评估的主要方法是重置成本法，就是假定再置起这么大一个摊子需要多少钱。最常见的是依据账面上的净资产值来判断此企

[一] 资本资产定价模型是现代金融市场价格理论的支柱，广泛应用于投资决策和公司理财领域。资本资产定价模型主要研究证券市场中资产的预期收益率与风险资产之间的关系，以及均衡价格是如何形成的。公式是：
$$E(R) = R_f + [E(R_m) - R_f] \times \beta$$
其中，$E(R)$为股票或投资组合的期望收益率，R_f为无风险收益率，投资者能以这个利率进行无风险的借贷，比如国债利率，$E(R_m)$为市场组合的收益率，β为股票或投资组合的系统风险系数。

业值多少钱。这种方法相对偷懒，只看过去和现在，不看未来。

我也用过这种方法，当然，被评估公司的财务报告的真实性是首要前提，必须要有经验的独立审计师进行尽职调查，这本身就是一个巨大的挑战。国际四大会计事务所在国内的事业发展得如火如荼，速度之快有时让我隐隐担心那些年轻的受过良好教育的审计师，他们的经验是否能够保证尽职调查的质量。由于国内金融环境的不完善，国内企业经常会有许多所谓的表外项目，比如与关联企业以及关系企业的互相担保，这些担保在当事人心目中不算什么，但是在实质上是一种潜在的负债责任，会影响净资产的价值。

还有一种常用方法是比较法，就是用同一行业规模相似的上市公司或已被合理估价的公司进行类比，评估目标公司的价值。这是最简单且最粗略的方法，因为实际上很少会有两家公司可以如此相似。即便是像麦当劳那样的连锁经营店，每一家的价值都不一样。

另外，还有一些经验式的方法，比如约定俗成的说法认为诊所的价值是其利润的1~4倍；干洗店的价值往往等同于它的年销售收入。

价值评估如同体检一样，身体很多部位都要进行检查，最好使用不同的工具，尽可能寻求名医会诊的机会，兼听则明，这样才能正确诊断。

怎样卖出最贵的价格

我刚从学校出来的时候，跟很多年轻的毕业生一样，足足有两三年的时间，总有一种鼻子上重重地挨了一拳的感觉。在我最失意的时候，有个朋友告诉我："你现在得到的只是你的价格，你要相信自己的价值远远高过你的价格。"

我们从小接受的马克思的价值规律是这样描述的：商品价值由社会必要劳动时间决定，商品交换实行等价交换，价值规律的表现形式是价格围绕价值上下波动。所以，提高价格的唯一出路是提升价值。

然而，实际情况却不全是这样。有时候，就像电影《大腕》中房地产商的理论一样，好坏与贵贱并不是完全正相关。后来，看到马克斯·韦伯的论述。韦伯研究现代资本主义的精神。他认为价格与价值没有关系，价格只与市场的供求有关。在一些特别情况和特别时期中，价格可能完全背离价值。

随着中国的入世，越来越多的外商投资正以并购交易的形式进行。一个新建企业从开始立项到建成投产通常需要1～3年的时间，这样的速度已经很难跟上中国市场快速发展的步伐，特别是在那些竞争激烈的行业如快速消费品和IT行业更是如此。而通过公司并购，可以很快地进入市场，赢得客户，抢占先机。因此并购越来越被跨国公司和中国的合作伙伴所接受，而中方通常在并购交易中更多地充当卖方的角色。

如何卖出最贵的价格？其实企业每天在做的事就是不断地提高公司的价值，增加经营利润，减少库存和应收账款，进行税务筹划减税，有效地管理投资和资本性开支等。过去，很多国内企业只有在经营不好的时候才会考虑出售，按照资本资产定价模型，这时的价值是最低的，价格也会很便宜。要想卖出最高价格，企业在发展的时候就应该考虑退出战略，特别是在发展即将进入高峰期时往往是退出的最好时机，这时的未来价值折现后最大。

第12章
回到未来

第13章

风险和回报

吃好还是睡好是一种风险和回报之间的选择。对冲可以帮助冲淡风险,但是更重要的是要知道自己在做什么。

吃好还是睡好

一个民营企业家给我讲黄灯理论。黄灯指交通指示灯。他说,中国的民营企业时刻站在一个十字路口上,前面是黄灯。黄灯可以变成绿灯,也可以变成红灯。你闯过去,如果接下来变成绿灯,你就一马当先,占尽所有先机和资源,暴富一把,还能被树为典范;如果接下来是红灯,而警察又碰巧站在路边上,你一头撞在枪口上,记分还是小事,多半壮志未酬身先死,要被吊销驾照。企业家眼中的黄灯主要是指政策风险,一种典型的系统风险。民营企业家对这种系统风险既爱又恨。

由于商业本身就是一个充满风险的行业,各种情形的十字路口随时出现,风险管理在很多情况下是与企业的资产管理同义的。有些大公司甚至设立了首席风险官的职位，首席风险官（chief risk officer，CRO）直接向首席执行官汇报。没有CRO的公司，风险控制的责任就落在CFO头上。

> 吃好还是睡好？这是人的一个两难决策。如果你想吃好，即追求高收益，那么你最好做冒大风险的思想准备。如果你想晚上睡好，追求安全性，那你就要放弃高收益的可能。高回报一般都会伴随高风险，否则人人都会去追逐它，这是有效市场理论的观点。

孔子说："危邦不入，乱邦不居。"一个地方如果很危险，他就不进去，一个地方如果很混乱，他就不待。孔子是个保守的人，不愿冒险。大多数人也像孔子一样不肯冒险。人有避险的天性，就像你正在开车时，看到迎面有一辆大卡车开过来，本能地你会踩刹车减速，即使你知道被卡车撞上的机会很小，但是你更知道被卡车撞上的成本很大。

我曾在几家跨国公司工作，时不时要直面很多风险问题，包括因为外界金融环境变化而带来的汇率风险。

第一次是我在负责美国品食乐公司大中国区的财务分析时，要负责台湾、大陆、香港三地的财务结果。当时台币的汇率波动频繁，台湾主要经营从美国进口的绿巨人玉米罐头，季度末核算的业绩经常被汇率困扰，这同时也影响了与此相关的高层管理人员的绩效评估。台湾分公司强烈要求使用外汇市场对冲或期货的办法减少汇兑损失甚或赚取汇差。报告到美国总部，总部经过慎重考虑，下了一道指令，明确所有国家的分公司无权经营外汇买卖，违者必究。总部认为，分公司必须以主营业务为重，不得因为小利而误了抢占市场份额的长期正事。另外，如果一旦松口，汇率市场有赚就会有赔，这种授权的风险太大。权衡利弊，总部决定承受台湾地区的汇率损失。

母公司一再强调我们的定位是食品公司，不是金融投资公司。母公司考虑更多的是管理风险。

第二次是我在施乐工作的时候。从1999年开始，由于巴西经济的衰退，货币贬值，施乐被迫在资产负债表上减去了10亿美元的资产。施乐巴西的业务占整个施乐的10%左右，影响很大。

巴西经济的动荡和衰退不是一天两天的事。在如此高风险的经济环境里，施乐为什么不采取一些必要的措施来规避风险以保护自己呢？华尔街的投资分析家们感到不解和震惊。

2000年，我在迈阿密开会的时候，遇到巴西来的财务总监。我们讨论了很久，他提到一个重要原因是巴西的经营方式中融资租赁所占比重很大。

施乐向客户提供了许多分期付款的融资购买方式，客户在3~5年内每月向施乐付租金。按融资租赁的一般会计收入原则，施乐可以通过折现提前实现销售的收入和利润，尽管真正付款要在以后才能收到。

按照财务上的折现公式，贴现率越高，现值越低；贴现率越低，所得出的现值就越高。贴现率的制定跟一个国家在租赁期内的通货膨胀率和银行利率（即币值）相关，另外还要考虑其他的风险因素，如政治风险、行业风险等。

从1995年开始，施乐巴西一直使用6%的年利率，而按照巴西的高通胀经济状况，25%才是比较合适的比率。施乐巴西通过人为降低年利率来夸大账面上的租赁收入。不久，美国证券交易委员会对施乐公司近年来的收入报告提出了质疑，并处以1 000万美元的罚款。施乐公司既未承认也未否认存在违规行为，但却支付了1 000万美元的民事罚款，创下美国历史上金额最大的企业财务违规行为罚金纪录。

量化风险

面对未来的不确定,我们如同站在如海洋般波涛汹涌的大雾面前,茫然无措。如果能够有一阵清风吹散一些迷雾,会把前面的路看得稍微清楚些。尽管我们掌握不了风向,但是我们应该学会感知风向。

破解风险迷雾的前提是度量风险。怎样量化风险呢?贝塔(Beta)是统计学的词语,专门用来量化看不见的风险。

贝塔是相对数。整个市场的风险贝塔数定义为1,或者说所有公司的风险平均数是1。如果你的公司的贝塔数是1.5,那就表示风险比市场平均要高。贝塔数越大,风险越高。贝塔数越小,风险越低。

如果你要买股票,发现这家公司的贝塔数是1.8,你要承担的风险高,你所期望的回报也高。如果整个市场行情涨了10%,你期望自己的股票至少要涨18%。

如果你要买另一只股票,发现这家公司的贝塔数是0.5,你要承担的风险小,你所期望的回报也相应小。如果整个市场行情涨了10%,你期望自己的股票涨5%就可以了。当然,如果整个市场行情跌了10%,你的股票可能只跌5%。

广告公司的贝塔数会较高。在经济萧条的时候,客户的广告投放首先会受影响。经济危机来了,广告基本叫停。如果这家广告公司的借债多些,贝塔数会更高。

相比之下,食品企业的贝塔数就低些。经济再萧条,饭还是必须吃的。只要不是奢侈类的食品企业,经济危机不会对它有什么大的打击的,有时,反而是好事,因为有些胃口高端的客户开始不再吃鱼翅,改吃方便面了。

所以,在经济发展的时候,投资高贝塔的企业,在经济萧条的时候，投资低贝塔的企业。这是统计学教给我们的。当然，统计学是讲类的，说的是大道理。

对冲现象

风险量化之后是分析和管理。风险管理的主要方法之一是利用时间跨度。

比如融资的对冲原则，就是通过匹配时间来管理风险的。对冲是将资产产生的现金流特性与为取得该资产而进行融资所形成的负债的到期日相匹配。对冲原则要求公司保持一定的流动水平，以保证公司能够按时偿付各种到期债务。

利用对冲原则的另一方法是自然规避法。

> 一些行业因为季节特点明显，通过雇用临时的季节工来降低固定成本。美国早年有一部电影叫《愤怒的葡萄》，就是讲季节性的葡萄采摘工在加州的葡萄庄园之间四处辗转，寻找短期工作，并反抗雇主压迫的故事。我在美国读书时，每到夏天，阿拉斯加的渔业公司还会从大学里大量雇用临时水手，报酬不低。对于渔业公司来说，这是经营上的对冲；对于大学生来说，利用机会成本较低的暑假去经历阿拉斯加的海上生活，也是通过时间上的对冲来获益。我的一个同学就曾做过3个月的水手，说起阿拉斯加的海上生活，他的眼睛里满是兴奋，"你没有在海上看见过银河吧？"现在他是一家律师事务所的合伙人了。

在商业活动中，对冲的现象也会经常看到，比如危害健康的烟草公司总是热衷于赞助旨在提高人类体质的竞技体育。在很大程度上，能源公司特别是石油公司是人类环境的最大破坏者，然而，你会发现，最热心倡导并慷慨解囊环境保护的大多是石油公司，出产黑色石油的英国石油公司（BP）甚至把自己的公司标志漆成绿色，成为绿色BP。

索罗斯的对冲交易

对冲交易是指盈亏相抵的交易，即同时进行两笔行情相关、方向相反、数量相当、盈亏相抵的交易。对冲交易是金融衍生工具诞生以后在国际市场上越来越受人们关注的一种投资方式。

在对冲操作中，基金管理者在购入一种股票后，同时购入这种股票的一定价位和时效的看跌期权（put option）。所谓看跌期权，就是当股票价位跌破期权限定的价格时，卖方期权的持有者可以将手中持有的股票以期权限定的价格卖出，从而使股票跌价的风险得到对冲。或者基金管理人选定某类行情看涨的行业，买进该行业中看好的几只优质股，同时以一定比率卖出该行业中较差的几只劣质股。如果该行业预期表现良好，优质股涨幅必超过其他同行业的股票，买入优质股的收益将大于卖空劣质股所引致的损失；如果预期错误，此行业股票不涨反跌，那么较差公司的股票跌幅必大于优质股，卖空劣质股所获利润必高于买入优质股下跌造成的损失。正因如此的操作手段，早期的对冲基金可以说是用于避险保值的保守投资策略。

乔治·索罗斯旗下经营了5个风格各异的对冲基金。其中，量子基金规模最大。量子基金的60亿美元资产投资于商品、外汇、股票和债券，并大量运用金融衍生产品和杠杆融资，从事全方位的国际性金融操作。

20世纪90年代初，为配合欧共体内部的联系汇率，英镑汇率被人为固定在一个较高水平。量子基金率先发难,在市场上大规模抛售英镑而买入德国马克。英格兰银行虽下大力气抛出德国马克购入英镑,并配以提高利率的措施,仍不敌量子基金的攻击而退守,英镑被迫退出欧洲货币汇率体系而自由浮动,短短1个月内英镑汇率下挫20%,而量子基金在此英镑危机中获取了数亿美元的暴利。此后不久,意大利里拉亦遭受同样命运,量子基金同样扮演主角。

1994年,索罗斯的量子基金对墨西哥比索发起攻击。墨西哥在1994年之前的经济良性增长,是建立在过分依赖中短期外资贷款的基础之上的。为控制国内的通货膨胀,比索汇率被高估并与美元挂钩浮动。由量子基金发起的对比索的攻击,使墨西哥外汇储备在短时间内告罄,不得不放弃与美元的挂钩,实行自由浮动,从而造成墨西哥比索和国内股市的崩溃。

1997年下半年,东南亚发生金融危机。与1994年的墨西哥一样,许多东南亚国家如泰国、马来西亚和韩国等长期依赖中短期外资贷款维持国际收支平衡,汇率偏高并大多维持与美元或一揽子货币的固定或联系汇率,这给国际投机资金提供了一个很好的捕猎机会。量子基金扮演了狙击者的角色,从大量卖空泰铢开始,迫使泰国放弃维持已久的与美元挂钩的固定汇率而实行自由浮动,从而引发了一场泰国金融市场前所未有的危机。危机很快波及所有东南亚实行货币自由兑换的国家和地区,迫使除了港币之外的所有东南亚主要货币在短期内急剧贬值,东南亚各国货币体系和股市崩溃,以及由此引发的大批外资撤逃和国内通货膨胀的巨大压力,给这个地区的经济发展蒙上了一层阴影。从那以后,乔治·索罗斯成为被东南亚各国政府和人民诅咒的对象。

"危机"="有危险的机会"

有一次我和一个美国同事讨论发展中国家的投资风险时,他问"危机"在中文里是什么意思,我说照字面上解释就是指"有危险的机会"。他说:"对呀,危机就是一种特别的机会。"《007》的作者伊恩·佛莱明也说:"永远不要对历险说不,永远说是。不然的话,你的生活将会乏味无比。"

风险管理的主要方法之二是做情景分析。情景分析在商业决策中经常使用,通过对未来不同情形的预测准备不同的战略和方案。

金融企业,比如银行保险公司等实质上是买卖风险的经纪人,先购买一种风险然后出售另一种风险。金融企业的商业本质就是通过经营风险来赢利。量化风险的专家正是这些金融企业。

银行利用计算机模型对各种可能的情况进行评估,然后计算出每一个公司的风险值。最简单的方法是用风险价值的概念(value at risk, VaR),风险价值是指某一时刻有多少钱处在风险中。

除了用贝塔预测相对风险外,量化财务风险的另一个办法是利用概率。分析师爱说这样的话:"80%的概率你会获得7%的回报,但是有20%的可能你会失去你投资的1/3。"概率的好处是可度量因而可比较,不好的地方是概率只对长期的普遍的情形有用,对具体的一次性的决策作用不大。

> 仿佛女人说"世上的男人都不是好东西"本身没有任何意义,女人真正想说的是面前的这个男人不是好东西。财务在起源上是一种微观经济学,更多情况下对具体的问题感兴趣。

保险是建立在概率精算基础上的避险方法。由赔率来决定赢利能力。在美国，自己开诊所独立经营的医生常要买医疗事故险以保护自己。《萨班斯-奥克斯利SOX法案》颁布后，一些上市公司的财务管理人员甚至开始购买职业险。

风险投资之所以不同于一般意义上的投资，主要在于投资者可能获取高额收益的同时，也蕴涵着巨大的风险。风险投资界有句名言："风险投资成功的第一要素是人，第二要素是人，第三要素还是人。"而人是最不确定的因素。统计资料表明，风险投资业务的失败率高达70%～80%。但由于成功项目的回报率很高，所以仍能吸引一批投资人。为了分散风险，风险投资通常投资于一些包含若干个项目的项目组合，利用成功项目所取得的高回报来弥补失败项目的损失并获得收益。

投资组合

风险管理的主要方法之三是组合投资。

> 猴子选股的故事在华尔街的投资家们中间流传。据说有人做了一个试验，把上千种上市公司的股票放在一只猴子面前，请这位"大圣"来选股。猴子挑出来的股票组合就是猴氏基金。再看一下回报率，猴氏基金一点不比华尔街的基金经理们利用各种模式组成的基金回报低。考虑到没有高昂的手续费，猴氏基金似乎更有投资价值。

理论上说，投资的风险由两部分组成，即系统风险和非系统风险。乘飞机旅行，你不会因为是坐在头等舱，就比坐经济舱的旅客更安全，头等舱和经济舱的危险程度是一样的，这就是系统风险。在丛林里遇到野兽，逃生的关键不是你能跑多快，而是你能否比同伴跑得更快，这是一种非系统风险。系统风险是由那些影响整个市场的风险因素所引起的，非系统风险是指特定公司或行业所特有的风险，它与政治、经济等影响整个证券市场的因素无关。

对于典型的股票，总风险中有75%是非系统风险，25%是系统风险。随着组合中随机选入股票种数的增加，非系统风险以递减速度下降，并趋于零。一般来说，随机选择15～20种股票就已足够抵消大部分非系统风险，不要把所有鸡蛋放在同一个篮子里，适度的分散化投资可使非系统风险大幅减少。

我的朋友在华尔街的投资机构工作，复旦物理系出身，在数学模型方面很有造诣。他采用的是数量化投资的方式，不用分析师做基本面分析，而是利用优化组合，大规模分散投资（比如持有300只股票）。这样没有任何主观因素带来的风险，虽然预期业绩超出平均值有限，但能较稳地达到。他的优化标准很简单，主要看市盈率（决定股票价格），看资产回报率（决定股票价值），以及暗示趋势逆转的警戒信号（决定未来走向）如应收款是否增加太快，库存是否太高。这三个标准的权重不同，最高的是市盈率。相对于人治色彩的传统型管理，数量化管理更像是法治，虽然模型尚不完美，但却能保持良好、稳定的业绩。

巴菲特在解释自己选股的原则时这样说过："我从不试图通过股票赚钱。我购买股票是在假设他们次日关闭股市，或在5年之内不再重新开放股市的基础上。"在巴菲特看来，市场本身的变化不再重要，市场反应是否足够有效也不重要，股价波动导致的风险存在与否也不再重要，唯一重要的是企业经营能力。"从短期来看，市场是一家投票计算器。但从长期看，它是一架称重器。"因此，巴菲特说："我对风险因素的理念毫不在乎，所谓的风险因素就是你不知道自己在干什么。"如同丘吉尔在第二次世界大战时说："无论战争进行得多么糟糕，我都能睡好觉,因为我总能知道事情的真相。"

在中国古代,年轻的吕不韦曾经向他父亲请教投资方向。他父亲说,从事农业,获利将会是投资的一倍;从事商业贸易,获利将会是投资的十倍;而投资一个国家(即君主如嬴政),获利将会是成百上千倍,当然风险也最大。类似《管子》的论点。吕不韦考虑再三,挑选了回报最大的比较虚无的政治投资项目,可惜,最终被嬴政赐死。

司马迁曾经提出一个鱼与熊掌可以兼得的理想办法:"以末致财,用本守之",就是说通过经商来发财,然后通过务农来守财,这样就可以去弊留利。当时,人们对商业的理解主要指贸易,相对于土地来说,贸易自然显得太虚无了。后来几乎所有的中国商人成功后,都会广置良田,遵循的就是这样的组合投资战略。

内部风险控制

Casino(译名《赌场风云》)是罗伯特·德尼罗和莎朗·斯通在1995主演的电影。这是一部精彩的以赌城拉斯维加斯为背景的电影。影片中,罗伯特·德尼罗扮演一个叫爱司(Ace)的职业赌场经理人。电影开始的时候,爱司的画外音在介绍赌场的内部监控体系:"在拉斯维加斯,每一个人都在监视别人。发牌的人时刻监视着赌客,小领班坐在场中间监视发牌手,楼层领班站在身后监视小领班,大堂领班监视楼层领班,当值领班监视大堂领班,赌场经理监视当值领班,我监视赌场经理。空中的眼睛监视我们所有人。"

镜头转向楼上的电视监视室。同时在楼上还有一些人手持望远镜在观察。爱司的画外音继续:"还有更厉害的,我们雇了十几个人,这些家伙都是些老千前辈,对赌场中的所有骗术个个了如指掌。"

赌场中古老的内控体系在原理上与企业的内部控制思想一样。尤其是在内部控制制度出现的初期,在20世纪40年代的美国,内部控制就是最先以一种"内部牵制制度"的形式出现的。它的出发点很简单,就是将一项由一个人做让人不放心的业务,同时交给两个或两个以上的人去实施,客观上造成实施人之间的一种相互牵制关系,从而预防可能发生的差错。最常见的牵制规则是管钱、管物、管账分工负责,相互制约。付款的人不能负责记账,采购的人不能负责收货,做销售的不可以自定信用额。到了ERP的信息时代,变成系统操作人员不可以修改系统,修改系统的人不可以操作,以及不同等级的人被授予不同的权限等。这些方法是企业内部控制的硬办法。

随着商业的发展,内部控制的软技巧也开始多起来,比如业绩评估奖惩、培训、流程和制度,以及员工的行为规范等。内部控制开始从单纯的财务审计问题转化为企业内部管理问题,尽管在许多企业控制长(controller)一职还是由财务担任。

1992年,美国5家会计协会(注会协会、会计协会、内部审计师协会、管理会计协会以及财务管理协会)组成了一个委员会叫COSO(Committee of Sponsoring Organizations)。COSO委员会把内部控制系统化,提出内部控制的三大目的,即取得经营效果和效率、确保财务报告的可靠性以及遵循适当的法律法规。

按照COSO的解释,内部控制是一个过程,像西西弗斯推石头一样永远没有结束的那一天,有企业存在,就有内部控制。而且,内部控制不是一些人的事情，而是企业所有人的事情，企业的流程和制度制约每一个人，无论是好人还是坏人。对于上市公司来说，内部控制保证了投资者对财务报告的信心。因此，财务审计的核心实际上也就是内部控制。

COSO提出了著名的COSO模型，认为内部控制主要由控制环境、风险评估、控制活动、信息交流、监督五项要素构成。

企业的控制环境包含了企业管理层的领导能力、组织结构、预算和内部报告体系、内部稽核、人事架构等。说到环境，中国人相信"水至清则无鱼，人至察则无徒"，好处是处处有弹性和活力，不好处是弄不好就过了度导致污染环境，长期结果是鱼虾皆亡。

企业的风险评估是财务的敏感区域，风险管理以预防为主，通过增加、补充或规范各内部控制环节来规避可能面临的风险。如果风险实在避不开时，就转嫁风险，比如购买保险、利用对冲和远期合约等。

控制活动是确保管理阶层的指令得以实现的政策和程序。控制活动是针对关键控制点而制定的，因此，企业在制定控制活动时关键就是要寻找关键控制点，就像美国人爱说的一句俚语"Where is the beef?"（牛肉在哪儿？）牛肉是汉堡包里最关键的部分，是吃汉堡的人的关注点。生产性企业采购作业的交易数量通常都较大，而且存货容易因为废弃、变质和偷窃等而发生损失，导致重大错误或舞弊的可能性也提高。因此，包括采购在内的物流体系是控制活动的关键。

中国国有企业内部控制制度最薄弱的环节一是货币资金，二是采购业务。使用公开投标的方式可以帮助控制采购。软银的孙正义全额投资了一家日本公司，提供专业的第三方网上竞价服务，使价格决定过程透明化，不受人为左右。这家公司在日本获得了很大成功，正在试图将其模式移至中国。

企业的内部监督是一种随着时间的推移而评估制度执行质量的过程。监督的背后是有效的考核制度和激励制度。

另外，还有信息交流。这里的信息不仅仅是指文书程序、会计记录以及财务报告，还包括其他商业信息。这本是企业管理的基本要求，但是这几年却遇到前所未有的挑战，最终导致了《SOX法案》的出台。

十年之后的《萨班斯－奥克斯利法案》

COSO的内部控制模型在世界各地的企业界里盛行了10年，直到2002年7月25日，美国《萨班斯－奥克斯利法案》（暨《2002年公众公司会计改革和投资者保护法案》，英文是 *Sarbanes-Oxley Act*，简称SOX）的公布。

《SOX法案》的背景是2001年年底的安然公司倒闭案以及2002年年中的世界通信会计丑闻事件，投资人对上市公司财务报告出现空前的信任危机。罗斯福总统签署了1933年的《证券法》和1934年的《证券交易法》。布什总统称他自己所签署的《SOX法案》是自《证券法》和《证券交易法》以来美国资本市场最大幅度的变革。

《SOX法案》的内容分为两部分：一是主要涉及对会计职业及公司行为的监管，包括建立一个独立的"公众公司会计监管委员会"，对上市公司审计进行监管；通过负责合伙人轮换制度以及咨询与审计服务不兼容等提高审计的独立性；对公司高管人员的行为进行限定以及改善公司治理结构等，以增进公司的报告责任；加强财务报告的披露；通过增加拨款和雇员等来提高SEC（证券交易委员会）的执法能力。二是提高对公司高管及白领犯罪的刑事责任，比如，规定销毁审计档案最高可判10年监禁、在联邦调查及破产事件中销毁档案最高可判20年监禁;为强化公司高管层对财务报告的责任,要求公司高管对财务报告的真实性宣誓,并就提供不实财务报告分别设定了10年或20年的刑事责任。这与持枪抢劫的最高刑罚一样了。

《SOX法案》虽然只针对美国上市公司,但是其影响力波及几乎世界上所有大公司。因为它们也遇到类似的挑战。《SOX法案》的核心是内部控制,体现在它的第404章。

《SOX法案》第404章要求公司的CEO和CFO们不仅要签字担保所在公司财务报告的真实性,还要保证公司拥有完善的内部控制系统,能够及时发现并阻止公司欺诈及其他不当行为。若因不当行为而被要求重编会计报表,则公司CEO与CFO应偿还公司12个月内从公司收到的所有奖金、红利或其他奖金性或权益性酬金以及通过买卖该公司证券而实现的收益。有更严重违规情节者,还将受到严厉的刑事处罚。

中国在2008年颁布了《企业内部控制基本规范》,类似美国的《SOX法案》,由财政部会同证监会、审计署、银监会、保监会制定,从2009年7月1日开始实施,对象是中国的大中型上市企业。按照规范,中国境内的上市公司必须对其内部控制的有效性进行自我评价,并披露年度自我评价报告。以后中国会计师事务所的审计报告也将包括内部控制的审计了。

尼克·里森事件和两千年前的扁鹊

> 1999年,英国拍摄了一部电影叫《流氓交易员》(Rogue Trader),影片中的交易员原型就是在1995年搞垮了英国巴林银行的年轻人尼克·里森。这是内部控制失败的典型案例。

尼克·里森1989年加盟巴林银行，1992年被派往新加坡，成为巴林银行新加坡期货公司总经理。巴林银行有一个账号为"88888"的"错误账号"，专门处理交易过程中因疏忽所造成的小错误。这原本是一个金融体系运作过程中正常的错误账户，但是由于内控的失职，这个小小的账户内竟被尼克·里森隐藏了5 000万英镑的损失。尼克·里森在狱中写的自传里这样说："有一群人本来可以揭穿并阻止我的把戏，但他们没有这么做。我不知道他们的疏忽与罪犯级的疏忽之间界限何在，也不清楚他们是否对我负有什么责任。但如果是在任何其他一家银行，我是不会有机会开始这项犯罪的。"

这让我想起两千年前的扁鹊的故事。

> 魏文王问名医扁鹊说："你们家兄弟三人，都精于医术，到底哪一位最好呢？"扁鹊答："长兄最好，中兄次之，我最差。"文王再问："那么为什么你最出名呢？"扁鹊答："长兄治病，是治病于病情发作之前。由于一般人不知道他事先能铲除病因，所以他的名气无法传出去。中兄治病，是治病于病情初起时。一般人以为他只能治轻微的小病，所以他的名气只及本乡里。而我是治病于病情严重之时。一般人都会看到我在经脉上穿针管放血、在皮肤上敷药等大手术，所以以为我的医术高明，名气因此响遍全国。"

无论是COSO模型还是《SOX法案》，无论是拉斯维加斯赌场的人盯人战术，还是曾经一度闹得沸沸扬扬的中国政府的审计风暴，防患于未然，是内部控制的真义。

第14章

"会计,当而已矣"

中国最伟大的人做过会计,他说会计应该适当,不要过激。企业的发展也是这样。财务的智慧存在于一系列矛盾的平衡关系里。

贪婪的华尔街

> "慌乱的人们左手拿着一只电话,右肩和脸颊夹住另一只电话,右手则用铅笔在白纸上写写画画,眼前的彭博机(Bloomberg Machine)闪烁着绿色荧光,旁边不断传来'做多'、'做空'和证券代码以及骂人的声音。"
>
> 这是电影《华尔街》里的场景。

"贪欲是世界上最美好的东西。"这是华尔街公司收购与兼并大亨格顿的格言。年轻的经纪人巴德极度崇拜格顿,加入了他的公司,为格顿工作。巴德很快就学会了格顿残忍、冷酷、血腥的作风,他渐渐背离了自己的道德标准。巴德的父亲是一家小型航空公司的工会负责人。格顿通过巴德去蒙骗其父，结果将那家公司的所有股票全部并吞。

我在纽约工作的时候，有时会经过现实中的华尔街，那是一条窄窄的小街，两边是金融机构，街的一头通向河边，另一头正对着一个教堂。教堂屋顶上，黑沉沉的十字架无言地注视着在小街上行色匆匆的金融人士。

经济学的边际效用递减原理说，当人饥饿吃汉堡包的时候，第一个汉堡包的效用最大，第二个汉堡包的效用次之，依次递减。人类满足贪婪欲望的情形也是这样的，即便是为了得到同样的满足感，满足欲望用的金钱数量也要加倍增加才行。我们只有暂时的喜悦。当喜悦暗淡下去的时候，我们又要开始新一轮的追逐。这种追逐永无止境，看不到胜利的希望。

> 这是一个与吃有关的黑色幽默故事。说有一个人遇到海难，被遗弃在一个荒岛上，岛上什么可以吃的东西都没有。岛的四周全是险恶的礁岩，鱼类绝迹。这人太饿了，没有办法，他把自己身上的衣服全吃了。挨过了几天，他又饿了，他咬咬牙，开始吃自己身上的肌肉，先从四肢开始，然后是胸和背。这样过了十几天，他把自己身上的肌肉全吃完了。他还是饿，开始吃自己的内脏，心呀肝呀的，但是等到他吃到一样东西后，他一点儿也不饿了。望着自己骷髅一样的身体，他懊悔不已，那最后吃下去的东西是他自己的胃。

如果任由贪婪的野心无限膨胀，就会如同这个患有饥饿症的人，最后只有把自己的胃吃掉才能免于饥饿。金圣叹是清朝的才子。有人问道："幽谷空室之中，有金万两；露白葭苍之外，有美一人，试问君子动心否？"金圣叹在宣纸上连书："动，动，动……"总共39个动心，以示四十而不惑。人到了一定年纪就不应该再受外界的诱惑了。

子曰："会计，当而已矣"

孔子是个智慧的老人。孔子晚年时说自己的理想是，"暮春者，春服既成，冠者五六人，童子六七人，浴乎沂，风乎舞雩，咏而归。"在明媚的春光里，在沂水之上戏水，在风中起舞，唱着歌儿回家。恬淡怡然的快乐画面。

两千多年前，21岁的孔子到鲁国贵族季氏家中做管账目的"委吏"。孔子说："会计，当而已矣。"这句话虽然很简单，不过意义却很深刻，孔子一说出口，影响便出去了，接下来，他的弟子把这句话记录下来，一代一代往下传，成为中国最早的会计名言。

孔子认为会计在礼帛约束之列，一切收支事项务必以礼制为准绳。当收则收，即不许少收，也不可超过规定的标准多收；当用则用，既不可因少用而违礼，亦不可违反财制规定的标准滥用无度。总之，在孔子的心目中，一切应力求适中、适当，适可而行，适可而止。

宋玉在《登徒子好色赋》中说："天下之佳人，莫若楚国；楚国之丽者，莫若臣里；臣里之美者，莫若臣东家之子。东家之子，增之一分则太长，减之一分则太短；著粉则太白，施朱则太赤。"宋玉用佳人做比喻，描写的是"当而已矣"的审美概念。

财务智慧的第一层是想通，透彻地思考；第二层是保守或叫审慎，这是财务的判断力，也是财务人员的思维习惯；第三层是预见未来，知道下一步做什么；第四层就是平衡，不要过于贪婪，凡事适可而行，"当而已矣"。

瑞典的森林

瑞典有很多森林，整个国家的国土有一多半被森林覆盖。在漫漫长昼的夏季傍晚，在瑞典的森林里漫步，身处在古老的罕有人迹的密林深处，风在树叶间吹过，你会看见无数的灌木、乔木，还有很多草本和蕨类植物的种子在风中飞舞，生命包围着你。你会感觉时间停滞，很多世俗的让人眼花缭乱的诱惑都已经不再有任何实质的意义。春华秋实，大自然似乎最希望的是维持平衡。

自然界检验一个物种成功的尺度，是看这个物种是否能延续下去。市场检验一个企业的成功标准实际上也不是发展速度，而是生存能力，看这个企业能否长久生存下来。企业的发展有一定的速度限制。如同人体细胞每天都在生长、衰退、死亡和再生，如果细胞的生长速度过慢，会导致组织萎缩，最终会被竞争所淘汰。如果速度过快，无法抑制，导致的却是细胞的异化，是癌细胞的生成。一味追求快速的短期效益是企业的致癌因素。博弈理论说，企业使利润最大化的最有效办法是通过与客户及竞争对手合作，寻求次好而不是最好的方案，达到一种均衡。

兔子在任何时候速度都比乌龟快。但是，在寓言中，每次比赛耐心的乌龟都能战胜不耐烦的兔子。其实，兔子的致命缺陷不是骄傲，也不是轻敌。兔子的致命缺陷是需要休息。高速奔跑的动物都无法持久，这是自然的规律。比赛的路程越长，乌龟取胜的概率越大。如果这个路程设定得足够长的话，兔子永远会是输的一方，因为它的寿命不如乌龟长。

经营企业不是百米冲刺，是马拉松赛跑。在马拉松赛跑中，起跑的时候大家都在起跑线上，5公里以后开始出现先后次序，但最重要的也是决定比赛胜负的是最后5公里，而那时坚持下来的人已经不多了。世界上的好企业都是百年不衰的企业。如美国的通用电气公司、可口可乐公司、吉列公司都有超过百年的历史，欧洲几代人经营的百年公司就更多了。

今天的社会在加速早熟，生长周期在快速缩短。青少年总是希望跟自己的同伴们不一样，拼命挤入成人的行列，像人为催熟的早市水果，似乎只要比别人领先一步就会取胜，结果往往是所有青少年又都一样了。成年人则在拼命挤入少数成功人的行列，不惜一切代价，只要成功得越早越好，40岁就退休成了成功人的标杆。很多人忘了高速发展同时意味着的是加速折旧。

耕耘收获是个自然法则，需要足够的时间，不能着急。商业有自己的生长规律，跟机器不同，商业需要的是长期培养，不是短期的修理。财务管理对于过度行为和超常利润都要很谨慎。1970年名列《财富》500强企业排行榜的公司，到了20世纪80年代有1/3销声匿迹了。壳牌公司曾对一些有着200多年悠久历史的百年老店进行专门研究，发现它们有一个共同特征是能够忍受较低的利润空间。

快速增长的公司总是忙于制订更快的增长计划，有时会忘了增长并不等于发展。在快速增长的时候，如果不把利润投在成长速度下降时候可能需要的发展上，当公司的成长确实下降的时候，公司将不再有可利用的资金和人力了。就像狄更斯所说，这是最好的时代也是最糟的时代，当我们陶醉在最好的时代的时候，一定要为最糟的时代的出现做好准备。

> 英格玛·伯格曼是瑞典最伟大的导演。在他的《野草莓》里，时钟没有了指针，一个即将走完人生道路的垂暮老人捡起地上的铁环，在森林边的山坡草地上跟跟跄跄地奔跑，他呵呵地笑着，像少年一样，童真和生命仿佛又回到了身上。

第15章

做个具有财务智慧的人

> 这是一条漫长的寻求智慧的路。智慧如同大海一样,它从容恬淡,生生不息,绵绵不绝。

2007年,我以一个来自中国的CFO的身份去英国伦敦参加一个座谈会,与来自欧洲各国的CFO交流。我被邀请做一个专题的演讲。当我站在讲台上时,我突然发现在座的欧洲同行大多两鬓斑白,他们不仅个个经验丰富,中间不少人还做过总经理,甚至总裁,我突然觉得有些不自在。由于历史的原因,中国当代的CFO存在巨大的人才断层,结果我们年纪轻轻就被时代推到了舞台的最前沿。

我知道自己是幸运的,但是,同时我明白自己必须跟我的中国同仁一起在最短的时间内成熟起来。成熟不仅指专业技能,更指财务管理的智慧。

不想当将军的士兵不是好士兵。不仅专业的财务人员需要具有财务的智慧,非财务的人员无论是经营还是投资甚或只是为了更好地生活也需要具有财务的智慧,需要像CFO一样思考。

如何做个具有财务智慧的人呢？

从专业到跨业

如同用智商来衡量人的智力水平一样，有人用财商来衡量财务智慧。财商不仅包括会计知识，还包括投资融资、市场、销售和法律等各方面。这就要求你必须从专业的习惯盒子里走出来，了解其他领域的活动。

商业是个整体的行为，只加强部分的能力，并不能带来商业的必然成功。任何一家企业的成功不会是因为它只有某一个成功的部门。在企业内部，你会发现一个有趣的现象，往往两个都很强大的部门配合总是不太好，因为不能或不肯换位思考，导致合力很弱。

财务不是财务部的财务，财务是企业的财务，是商业的财务，是每个人的财务。要具有财务智慧，就应该具备比较高的财商，关注外面的世界时应该通过广角镜而不是望远镜，这样你才能观察到你的行动是如何与其他部门人的活动相互联系的。

具备智慧的人不必知道所有问题的答案，但是必须知道组织内谁知道答案。

从数黑论黄到决胜千里

班超是我喜欢的历史人物。班超是历史学家班固的弟弟。他的父亲希望他也成为记录历史的历史学家。年轻的班超不愿意皓首穷经，整日埋头在故纸堆里，有一天，把毛笔一扔，长叹道："大丈夫安能久事笔研间乎？"然后就投笔从戎，西征匈奴，建功立业。班超喜欢冒险，在敌营中出奇制胜，"不入虎穴，焉得虎子"这句成语的典故就是从班超那儿来的。

班超作为历史人物被历史学家记录在历史书中了。我喜欢像这样的财务人。

财务是实践的智慧。财务报表只是提供商业的信息，而这些信息如果不能转化成知识和行动的话，我们只能是信息的奴隶。财务报表的目的是帮助我们看透问题，使我们能够参与并引领战略的制定和实施，而不是一味数黑论黄，执著于统计针尖上到底有多少天使在跳舞。

从骑墙到平衡

骑墙者是没有原则、丧失独立的判断力、随时改变立场的机会主义者。在企业管理中，很多时候决策要面临复杂的矛盾关系，比如是选择集权管理还是分权管理，是收购兼并还是自然成长，是股权融资还是发债借款，是在景气的时候大量雇人在萧条的时候大量裁人还是走折中路线。矛盾无时无刻不萦绕在我们的周围，如何才能在各种矛盾关系中寻找平衡点？

> 负担越重，我们的生命越贴近大地，它就越真切实在。相反，当负担完全缺失，人就变得比空气还轻，就会飘起来，就会远离大地和大地上的生命，人也就只是一个半真的存在，其运动也会变得自由而没有意义。那么，到底选择什么？是重还是轻？重与轻的对立是所有对立中最神秘、最模糊的。
>
> ——米兰·昆德拉，《生命中不能承受之轻》

重与轻指的就是矛盾的对立面。财务智慧如同跷跷板的支点，在不停歇的运动过程中平衡互相矛盾的力量，在资源分配上适可而行，在平衡中寻求发展。

从被动保守到主动积极

如何迎接未来不可知的风险，既要谨小慎微地谋划，又要有无所畏惧的勇气。不要忧心忡忡害怕未来的变化，要积极主动地迎接它，这样变化反而不再那么可怕。一个不好的消息，知道的越早，准备的越充分，伤害的程度越小。而具备财务知识和训练的人一般能最早预感到危机的到来。

财务里的保守应该是积极的。主动是人生的一种态度，它让你遇到变化时提早一步做准备，能使你有机会掌握自己的命运，主动引领变革。

亚伯拉罕·林肯曾讲过一只青蛙的故事。

> 有一只青蛙掉进了深深的、泥泞的车辙里。两天后，它还在那儿待着。它的朋友发现了它，于是催它赶紧摆脱困境。它稍稍尝试了几下，但是仍旧陷在车辙里。接下来的几天，它的朋友们继续鼓励它更加努力地试一试，没有效果，它们不得不放弃了，回到它们的池塘里。一天早上，朋友们惊讶地看到，这只青蛙正在池塘边心满意足地晒着太阳。于是，它的朋友们问它："你是怎么出来的？""噢，正如你们知道的，"这只青蛙说，"本来我没法出来，但是有一辆马车过来了，我不得不出来。"

越早愿意改变，也就是在不得不改变之前进行改变，你的选择余地就越大。

从我到国王

每个人都很渺小，在企业里似乎永远有个老板在自己的头上，即便做到了CEO，还有董事会在监管着；即便做到了董事长，还有股东大会在上面，而股东大会成员里很可能你的秘书就在其中。

但是我们每个人在自己各自的领域里其实都是国王。国王不仅是决策者，而且是具有影响力的领导者。他的存在影响了其他人的行为方式甚至存在。在你的家庭里，在小圈子里，在某些你擅长的小王国里，你跟国王的地位一样。虽然没有王冠加冕，但是在灵魂深处，在某些不被人注意的角落里都零星散落着国王独立的精神，国王的影响力，国王的智慧和战略，以及国王骨子里的霸气。

> 清晨，浓雾依然弥漫在天地之间，一辆马车正向远处驶去。车上的小女孩问赶车的汉子："爹爹，江湖在哪里？我怎么看不见？"赶车人说："有人的地方就有恩怨，有恩怨就有江湖。人就是江湖。"香港导演徐克在他的早期武侠片《刀》中这样解释江湖。江湖固然险恶，但是美也正在其中。

从聪明到智慧

我在几家跨国公司工作过，我遇到过不少很聪明的同事和CEO。但是，我发现有个比聪明的CEO还要聪明的东西，就是流程。好的流程是很多聪明人的管理智慧的结果。企业的人员总在流动，但是流程保证了企业的长治久安。流程可以帮助制定好的游戏规则，避开人治的陷阱。如同两个小孩为分一个苹果争吵时，最好的解决方案是先切的人后分的流程。

从流程的角度来说，聪明是指熟练掌握如何进以及如何退的技巧，而智慧是知道在进退两难时，既进又退。

鱼相忘乎江湖，人相忘乎道术。智慧如同大海，雨大雨小或者干旱都不会影响海平面的高度，只会影响小池塘的水位。大海的欲望是一种无欲望的欲望，它从容恬淡，生生不息，绵延不绝。

后 记
Afterword

  蘑菇单独吃是蘑菇的味道，奶酪单独吃是奶酪的味道。把蘑菇和奶酪一起嚼在嘴里，变成了另外一种从来没有过的味道——这就是烹饪的艺术。

  一只住在巴黎的名叫雷米的小老鼠发现了这个常识性的秘密。雷米坚信著名厨师奥古斯汀·古斯特"人人皆可烹饪"（Anyone can cook）的理念，并且实践了它。这是动画片《美食总动员》的故事。英文片名是 *Ratatouille*，指的是雷米所做的那道普罗旺斯焖菜，正是这道普通的乡下焖菜最终打动了挑剔且阴郁的美食评论家，让他回想起儿童时代的生活以及母爱的温馨。美食评论家在吃完焖菜后写道：

  "Not everyone can become a great artist, but a great artist can come from anywhere."

  "并不是所有人都能成为伟大的艺术家，但是伟大的艺术家可以来自任何地方。"

  这一道理可以适用于很多地方。财务也是这样。我一直坚信"人人皆可财务"（Anyone can finance）。从财务中同样可以提炼出智慧和艺术。

  但是，财务的专业性和枯燥阻挡了很多人的兴趣。财务人员谨小慎微的保守性格也让许多热爱生活的非财务人员望而却步。

要改变这种困境，就必须跨越自己固守的疆界，要像达利刀下的牛顿一样打开自己的心胸，这样才能发现真理。这就是这本书的目的。

财务的知识和智慧从本质上来自于实践。人人皆可实践，人人也皆可财务。